조기개입 아동미술치료

발달지연과 ASD

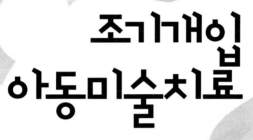

Art as an Early Intervention Tool
for Children with Autism

Nicole Martin 저 | 박정은 역

학 지사

Art as an Early Intervention Tool for Children with Autism
by Nicole Martin

예술을 통해서만 우리는 자신을 뛰어넘어 나를 바라보고, 나와 다른 세상의 관점을 알고, 또 달의 풍경과 같이 미지로 남아 있는 또 다른 세상의 풍경을 바라볼 수 있다.

—Marcel Proust

때때로 나는 화성의 인류학자 같은 느낌이었다.

—Temple Grandin

역자 서문

이 책을 번역하는 동안 심심치 않게 지난날의 많은 기억이 떠올랐다. 영하 30도의 눈 내리던 추운 시카고 출근길이 떠오르기도 했고, 임상에 지친 채로 터벅터벅 집으로 돌아오던, 길바닥에 주저앉아 지하철을 기다리던 내 모습이 보이기도 했다. 그 당시 스스로에게 자주 던지던 질문들은 지금까지도 끊임없이 하고 있다.

왜, 무엇을 위해 나는 지금 이 일을 하는가? 나는 예전에 미국 시카고에서 자폐치료학교와 재활병원에서 동시에 임상 일을 하였다. 자폐치료학교에서의 경험은 나 자신에 대해 많은 것을 깨닫게 하는 인생의 계기가 되었다. 그 시절은 내 스스로의 모습에 대해서도 되돌아볼 수 있는 시간이었고, 그림(painting) 다음으로 나의 열정을 불어넣을 대상을 발견할 수 있는 시기였다.

이후, 한국에 돌아와 ASD 아동을 위한 의사소통 보조기기인 모글 AAC(보완대체의사소통) 애플리케이션과 교재를 개발하는 한편,

미술치료 활동과 다양한 부모교육 서비스를 진행하게 되었다. 그 과정에서 여러 교수님의 자문을 구하고 또 여러 분야의 전문가 선생님들 및 의사 선생님들을 찾아뵈며 다닐 때 느꼈던 아쉬운 점은, 바로 미술을 비롯한 예술치료와 아동 발달, 발달지연 내지 ASD에 관한 책이나 자료가 한국에 많이 없다는 점이었다.

이 모든 것이 계기가 되어 내 열정의 발판이 되었고, 나와 많은 사람, 많은 일과의 연결고리가 되어 이 책의 출간으로까지 이어지게 되었다. 이 책의 저자인 Nicole은 나의 학교 선배이자 동료이며 ASD 증상이 있는 친동생을 둔 미술치료사이다. Nicole은 아마도 '나누기 위한' 마음으로 이 책을 집필하기 시작했을 것이다. 이 책은 진솔하게 사랑을 담은 개인적이고, 경험적이며, 비전문가도 쉽게 읽을 수 있으면서도 전문적인 내용을 담은 책이다. 다가가기 쉽게 쓰였으면서도 전문성을 띤 책……. 그래서 누구나 접근 가능하며 특히 발달지연, 아동 발달, 조기개입에 관심이 있는 학생, 치료사, 선생님은 물론, 누구보다도 ASD 증상을 보이는 아동의 부모님들이 쉽게 읽을 수 있게 구성되어 있는 책이었기에 이 책의 번역이 절실하다고 생각했다. 만약 ASD나 아동 발달/발달지연 분야와 미술치료에 관심이 있는 독자라면 이 책을 읽을 것을 강력히 추천한다[이 책의 저자는 DSM-IV를 기준으로 집필하였다. 현재는 DSM-5로 2013년에 개정되었다. 이에 역자는 자폐, 자폐증(Autism)을 자폐스펙트럼장애(Autism Spectrum Disorder)의 약자인 ASD로 통합하여 표기하였다].

번역하는 동안, 『나는 그림으로 생각한다(Thinking in pictures)』의 저자 Temple Grandin을 만나기도 하였고, 이 책에도 나오는 세계적인 자폐치료/연구 분야의 지지자인 미국의 비영리 기관 오티즘 스픽스(Autism Speaks)의 Andy Shih 박사도 한국과 미국에서 수차례 만나 ASD 관련 내용을 논의하며 ASD 분야에서 견문을 넓히는 동시에, 현재 진행 중인 아동 발달미술치료와 부모교육 조기개입 연구에 대한 자문도 구하여 연구 범위를 확장시켰다.

이 책이 오늘날 번역될 수 있었던 것은, 끊임없는 배움의 길을 지지해 주신 부모님이 있었기에 가능했다. 또 지난 시간 함께한 나의 스승들, 친구들(특히 AAC 개발에 함께 힘쓴!)과 내가 만난 수많은 내담자가 없었다면 불가능했을 것이다. 그리고 바쁜 일상 속에서도 이 책의 번역에 힘이 되어 준 남편 Rok, 배 속에서 꿋꿋이 함께 번역해 준 아기 James와 나의 가족 Jae, 지단이에게도 무한한 감사의 마음과 사랑을 전한다. 마지막으로 이 책을 통해 '나눌 수 있는 기회'를 만들어 주신 학지사 관계자 분들께 감사의 마음을 전한다.

끝으로, 태어난 나의 아이가 '다르다'는 것을 '아름답게' 받아들일 수 있는, 더불어 살아갈 수 있는 사회환경 속에서 자랄 수 있기를 희망하면서 이 책을 나누고 싶다.

2018년 4월
역자 박정은

저자 서문

이 책은 자폐스펙트럼장애(Autism Spectrum Disorder: ASD) 아동과 함께 미술 활동을 하는 것에 관한 책으로 왜 이런 미술 활동이 중요하고 어떤 것이고 또 무엇을 기대하고 어떤 의미인지를 설명하고 있다. 이 책은 부모님과 전문가 모두를 위한 책으로 그 기본 지식을 돕기 위해 쓰였으며, 이 책에 관심은 있지만 바쁜 독자들을 위해 되도록이면 짧고 간단하게 쓰려고 노력하였다. 또 부록에는 이 책을 요약하여 제시한 내용도 포함되어 있기 때문에 본격적으로 이 책을 읽기 전 훑어보기용으로도 좋다. 또한 이 책의 주제에 더 깊게 파고들기를 원하는 이들을 위해서 참고문헌과 추천도서 목록도 마련하였다. ASD 아동과 함께 치료적인 미술 활동을 성공적으로 하는 것은 아주 뜻깊은 일로, 나는 이 책의 모든 독자가 긴장된 마음이 아닌 준비된 마음으로 이 책을 받아들였으면 한다. 그리고 믿어 주길 바란다. 여러분은 이 책에 서술된 미술 도구들을 아동과 함께 사용하기 위하여 절대 미술가일 필요가 없다.

ASD 아동과 미술에 대한 나의 열정은 어린 시절부터 시작되었다. 1993년, 11세였던 나는 4남매 중 첫째였다. 막내 동생 Jason은 3세였는데, 부모님은 동생이 귀가 먹은 것이 아닌지 염려했다. Jason의 관심을 유도하는 것은 매우 어려운 일이었고, 확실히 Jason의 행동이 특이하다는 것이 눈에 띌 무렵 우리는 의사에게 진단을 받았다. 그리고 우리 가족이 그전에는 알지 못했던 단어인 ASD에 대해 배우게 되었다.

11세 소녀였던 나에게 이 사건은 나이에서나 성별 면에서 특별하게 다가왔고, 나는 매일 방문을 잠그고 일기를 쓰기 시작했다. Jason에 관한 나의 초기 발달 일기를 찾아보면, "Jason이 오늘 '엄마'라고 말했다!"라고 적혀 있는데, 이후로 곧 "Jason은 가족과 선생님만 알 수 있는 고작 몇 글자만 발성하는 것으로 말을 잃었다."로 끝난다. Jason은 16세가 되어서야 '엄마'라고 다시 말하기 시작했다. 지금도 그때를 회상하며 이 글을 쓰면서 아직도 가슴이 벅차오르는 것을 느낀다.

고등학교 1학년이 되던 무렵 나는 일기 대신 미술 활동을 시작했다. 이는 내게 일기와 같은 목적을 제공하는 동시에 10대의 고민을 표현할 수 있는 더 넓은 팔레트를 제공하였던 것 같다. 나와 내 남동생은 아주 다른 사람으로 커 가고 있었지만, 동시에 우리에겐 닮은 점도 많았다. 내가 (이제는 제법 잘 그리지만……) 손에 관한 일련의 삽화를 내 방식대로 '집요하게' 계속해서 그리는 동안 동생은 손을 고정시키고 나를 빤히 응시하곤 했다.

미술치료라는 분야에 대해 배우던 중에 미술치료사가 되기로

결심했던 그해는 내가 Jason의 응용행동분석(Applied Behavioral
Analysis: ABA) 홈 치료사 훈련을 시작하던 해였다. 미국 남서부의 작
은 도시에 살고 있었던 우리 가족은 도움을 받을 수 있는 자원이 한
정적이었기 때문에 우리는 스스로 Jason의 치료사이자 지지자가 될
수밖에 없었다. 나는 심리학 수업을 듣기도 전에 이미 응용행동분석
은 물론, 그림 교환 의사소통 시스템 카드(PECS), 수화 등을 비롯한
방법들을 알고 있었고, 우리 가족이 남동생과의 의사소통을 위해
시도했던 모든 방법이 나의 미래의 내담자를 위한 길로 이미 준비
되었다.

　나는 내 동생에게 필요한 점들을 감안하여 맞춤형 미술과 행동기
술이 조합된 프로그램의 가능성을 보았고, 더 심각한 장애로부터 내
동생을 '구한' 기적의 누나로 불리고 싶었다. 사실은 나는 동생이 나
를 당황스럽게 하지 않도록 가장 친한 친구들을 제외하고는 그 누구
도 우리 집을 방문하지 못하게 했던 용기 없는 불안한 10대였고, 부
모님의 스트레스와 걱정에 안테나처럼 신경을 곤두세우는 동시에
대학에 가서 혼자가 되는 것을 간절히 바라고 있었다. 내가 내 동생
의 '물건 돌리기'나 애정 어린 '(턱을 당기고 손가락을 돌돌 마는) 무서
운 얼굴 하기' 등의 행동을 어떻게 강화시켰나 지금 생각해 보면 동
시에 웃고 울 수 있을 것 같은 기분이 든다. 동생과 그저 같이 놀려
고 했던 것뿐이었고, 우리 가족은 많은 걸 알지 못했던 시절이었다.
대학교 학부 생활 중반 무렵쯤 나는 어떻게 미술이 ASD에 관련된
부족한 부분을 채워 줄 수 있으며 아동의 강점 구축을 도울 수 있는
지에 관해 조금씩 감이 잡혀 감을 느낄 수 있었다. 나에게 미술과
ASD는 불가분하게 얽혀 있었다.

ASD 아동과의 미술치료 일은 어쩔 수 없이 나에게 개인적이기도 하다. 비록 이제 자라 버린 나는 '진짜' 치료사가 되었지만, 내담자를 마주할 때면—그들이 여자아이든 남자아이든, 고기능이든 저기능이든—내 동생과 우리 가족에 대해 가졌던 감정, 내가 받은 훈련을 뛰어넘어 느껴지는 그 감정을 통해 아동들에게 연결된다. 물론, 내 동생에 대한 감정을 내담자에게 이입하는 것은 치료사들이 흔히 말하는 감정의 오배치(misplacement)임을 잘 알고 있다. 하지만 나는 이를 긍정적인 공감, 즉 감정이입의 원천으로 본다. 우리 가족을 통한 경험은 내가 자동적으로 사랑하는 마음에서 내담자를 받아들이고 이해할 수 있도록 이끌어 주었다. 이 점에 대해서 나는 내 동생에게 감사해야 한다.

이 분야에서 필요한 많은 여러 수련을 거치며 스스로를 발전시켜 갔던 시간이 항상 좋았던 것만은 아니었다. 가족을 떠나 치료사로 일하지만 내 가족과 동생을 돕지 못한 점은 누나로서 스스로를 자책하며 죄책감을 가지게 했다. 또한 많은 자폐스펙트럼장애(ASD)에 관한 일을 하는 전문가들이 미술치료에 대해 정말 최소의 혹은 잘못된 이해를 하고 있다는 걸 알게 되었다. 이런 전문가들은 때론 자신만의 치료 프로그램을 디자인하고 있기도 했다. 그 반대로 분야 밖에서 특정적으로 ASD 중심 개입을 하고 있는 미술치료사들을 몇 명 손꼽을 수 있다는 것도 알았다. 이 책은 ASD를 비롯한 발달지연이 있는 어린 아동과 미술이나 예술로 작업을 하는 치료사, 교육자, 부모, 돌보는 사람, 예술가를 비롯한 모든 이의 상호 이해를 돕기 위한 다리 역할을 하기 위해 쓰였다. 나는 이 책이 독자들에게 더 깊은 공부와 새로운 이해 그리고 협력을 이끌어 낼 수

저자와 남동생의 진단 일 년 전의 모습

있는 영감을 주었으면 한다.

　『조기개입 아동미술치료: 발달지연과 ASD』는 자폐를 가진 어린 아동과 미술 활동(art-making) 사이의 관계를 이해하기 위한 책으로, 오래된 이 주제를 현대적 관점으로 풀어 보았다. 이 책은 연구를 바탕으로 집필된 책은 아니지만 전문적인 시각과 개인적인 경험을 토대로 따스한 마음과 함께 엮은 전문적인 설명서라 보면 좋겠다. 간단히 말해, 미술치료와 ASD는 스펙트럼 선상의 이들이 시각적 미술을 활용하여 스스로를 표현하고 조절하는 것을 돕는 것을 뜻한다. 어떤 아이들은 천부적인 재능을 타고나 미술을 통한 이점을 스스로 발견하고 발전시키지만, 다른 많은 아이는 그렇지 못하다. 좋든 싫든, 편하든 불편하든 간에 ASD를 가진 모든 이는 이미 아주 어린 시절에 장애가 결정지어진다. 나는 치료적인 미술 활동 (therapeutic art-making)이 좀 더 활발히 그리고 좀 더 전문적으로 조기개입치료에서 통합적으로 행해졌으면 하는 바람이다. 이런 개입이 이루어진다면 ASD를 가진 아이들의 상상력에 다가가서 그 기량을 한층 더 끌어올릴 수 있다고 믿기 때문이다.

이 책은 바쁜 엄마와 아빠, 이 분야에 관심이 있는 치료사와 교육자들을 위한 책이다. 비록 당신의 아이가 이 책에서 중점적으로 다루고 있는 아동의 연령을 넘어섰다 하더라도 이 책에서 제공하는 대부분의 정보는 모든 나이에 적용될 수 있고 또한 유용하다. 이 책을 읽고 하루 이틀이 지나면 당신은 미술과 ASD에 관한 이해가 생길 것이며, 이러한 제안이 당신의 아이에게 맞을지에 관한 판단을 고려해 보게 될 것이다.

Nicole Martin

차례

Chapter 1

자폐스펙트럼장애(ASD) 소개

이 장은 자폐스펙트럼장애(Autism Spectrum Disorder: ASD)라는 단어에 다소 생소한 독자에게 기본적인 정보를 제공하기 위해 고 안되었다. 이 책의 내용을 이해하기 위해서는 ASD에 관한 기능적 인 지식이 있어야 하기 때문이다. 이 분야에 이미 종사하고 있는 전 문가나 부모들은 이 장의 내용을 건너뛰어도 무방하지만, 학생이 나 새롭게 이 분야에 뛰어든 전문가 그리고 예술가들은 이 장의 내 용을 꼭 자세히 읽기를 권한다. 또 이 책 마지막에 제시한 웹 사이 트들도 참고하기 바란다.

ASD란 무엇인가

『정신질환의 진단 및 통계 편람(Diagnostic and Statistical Manual

of Mental Disorders: DSM)』(APA, 2000)에 따르면 ASD는 신경발달장애로 사회적인 교류와 의사소통에서 현저한 장애를 보이며 '제한적이고, 반복적이며, 상동적인 패턴의 행동, 관심, 움직임'이 있는 것으로 특징지어진다(APA, 2000, p. 71). 우리는 아직까지 ASD의 정확한 원인을 알지 못한다. 따라서 우리는 주로 징후나 증상(그 사람이 어떻게 행동하느냐)을 보고 ASD 여부를 판단하고 있다. 전통적으로 우리는 ASD를 사회화, 의사소통 그리고 상상력의 세 분야에서의 '손상의 화음'이라고 지칭하고 생각한다. ASD라고 진단을 받기 위해서 그 대상 아동은 어느 정도(크거나 작거나) 이 세 가지 영역에서 문제가 발견되어야 한다.

사회성 문제는 다른 문제들과 함께 이탈, 무뚝뚝함과 돌발성, 공감의 표현 부족, 또는 눈 맞춤의 어려움으로 표현된다. 우리가 흔

그림 1-1 ASD 아동은 꾸밈없이 자신의 재능, 관심 그리고 능력의 '스펙트럼'을 보여 준다.

히 하는 친구 만들기, 매너 지키기, 관계 지속시키기와 같은 일은 ASD를 가진 아동에게 생소한 일일 수 있다. 곤란함 또는 경쟁심 같은 사회적인 감정은 곧잘 존재하지 않는다. ASD 아동이 혼자 있길 원하거나 다른 사람들에게 특별히 애착을 가지지 않는 것처럼 보일 때, 힘들겠지만 ASD 아동도 사람의 애정과 관심을 다른 아동과 똑같이 갈망하고 있다는 것을 명심해야 한다. ASD 아동과 조금만 시간을 가져 보면 알 수 있는 일이다.

의사소통의 어려움은 상대적으로 부족한 일반적인 문법이나 구문 오류(syntax errors)의 두 가지 경우 모두 때문이다. 상황에 맞는 질문(예: 왜 일이 일어났습니까?)과 대명사의 사용은 공통적으로 문제가 되는 부분이다. 예를 들어, 방해 안 되게 가라는 의미의 "호수에 뛰어들어(Go jump in the lake)!" 같은 비유적 표현을 사용하면, 일부 ASD 아동은 문자 그대로 받아들이고 구체적이고 사실에 의거하여 생각하는 경향이 있는 만큼 매우 혼동스러워할 것이다. 뿐만 아니라 적절한 감정 표현의 어려움도 의사소통을 복잡하고 얽히게 만든다. 아동의 감정과 메시지가 일치하지 않거나(예: 강아지의 죽음에 대해 이야기하며 웃기) 아동이 느끼는 강한 감정(예: 좌절, 슬픔, 욕망 등)은 언어적 의사소통을 완전히 중단시킬 수 있다. ASD의 다른 여러 특성처럼 모든 아동에게 반드시 적용되는 것은 아니지만 언어 발달에 보이는 '정지' 또는 이전에 배운 단어의 '손실'은 ASD의 고전적인 지표 중 하나이다. ASD를 가진 많은 사람은 단어를 많이 알고 주로 언어로(구두로) 의사를 전달한다. 구두 언어(음성 언어)를 발달시키지 못한 이들은 종종 그림 교환 카드 또는 수화 같은 시각적 언어를 배워 의사소통을 한다. 전반적으로 ASD를 가진 사람들은 수용 언어 능력(들은 것을 이해하는 것)이 표현 언어 능력(의도/취지를 가지고 확실하게 의사소통적으로 말하기)보다 더 강한 경향이 있다.

상상력의 결핍은 다소 정확히 설명하기 까다로울 수 있다. 개인적 의견으로는 이런 아동들의 특징인 순서/제어(order/control) 그리고 감각 통제(sensory regulation)와 관련이 있기 때문이라고 보인다. 상징적인 놀이(또는 '가상 놀이')나 창작 활동(예술 같은)은 어떤 면에서 상상력의 연습을 필요로 하는데, 이것이 ASD 아동에게서 자연스럽게 나오는 일은 거의 없다. 예를 들어, "당신은 무엇을 할 것입니까?" 같은 가정은 매우 어려울 수 있는데, 이는 아동이 상상력을 사용할 때 옳고 그른 것이 없다는 것을 이해하지 못한 채 종종 '정확한' 대답을 모색하기 때문이다. 상상력의 결핍은 다른 사람의 입장에 자신을 넣어 보거나 그 입장이 되어 생각해 보는 능력을 말하는 마음 이론(theory of mind)이라고 불리는 연구 분야와 관련이 있을 수도 있다. (마음 이론은 종종 ASD의 '네 번째 장애'로 간주된다.) 『정신질환의 진단 및 통계 편람(DSM)』에서 제시한 '제한적이고, 반복적이며, 틀에 박힌 행동, 관심, 활동 패턴'은 엄격한 일상, 자신이 좋아하는 활동에서 벗어나는, 아주 작은 방해나 중단으로 인한 속상함, (우리에게는 지저분하게 보이더라도) 환경 안에서 일정한 질서를 필요로 하는 것, 그리고 매우 협소한 관심 목록을 가지는 것 등으로 나타난다. 이러한 융통성 없는 고정성(inflexibility)은 이런 패턴을 가진 사람들의 감각 입력(sensory input) 조절과 대부분 관련이 있다.

ASD를 가진 사람들은 자신의 환경으로부터 과대로(넘치게) 또는 과소로(부족하게) 자극을 받기 때문에 매번 이런 자극에 대한 반응이 언제 어떻게 일어날 수 있을지 예측하기 어렵다. 예를 들어, 아기의 울음소리나 군중의 밀침은 ASD 아동에게 아주 큰 불안을 야기할 수 있다. 이는 이들이 자신의 일상 활동을 가능한 한 많이 제한하려고 하는 점을 이해하게끔 한다. 감각적 요구는 상상적이고, 탐구적인(즉, 위험한) 노력을 이길 수 있다. **치료적인 미술 활동(therapeutic art-making)**은 아동의 상상력의 문을 열 수 있는 활동을 통해 다양한 감각 자극을 안전하고 정리된 환경에서 제공한다.

ASD를 가진 사람과 일할 때 알아야 하는 세 가지 용어로 대본 쓰기(scripting), 집요하게 반복적인/보속적인 것(perseverating), 그리고 자극 행동(stimming)이 있다. 이것은 ASD를 가진 사람이 대부분 보이는 자신의 감각 및 제어 요구와 관련된 흔한 행동이다.

대본 쓰기는 일반적으로 외부 출처에서 발생한 말 또는 문구를 상술하는 경향이다(예: 책 또는 텔레비전 프로그램의 대사를 인용하기). 대본 쓰기는 사람이 말을 되풀이하여 말하는 것인 흉내 내기(parroting)와는 다르다(예: "안녕하세요?"를 말하는데 대답으로 "안녕하세요?"를 말하기). 일부 사람은 자신을 표현하기 위해 대본을 사용할 수 있다(예: "오늘 일하기 싫어요." 대신 슈왈제네거 영화의 대사인 "Hasta la vista, baby."를 말하기). 여러 다른 상황에 사용할 수 있는 적절하고 다양한 '대본'을 가르치는 것은 종종 치료의 한 부분이 된다.

집요하게 반복적인/보속적인 것은 어떤 한 주제에 집착하는 것을 뜻한다. 대본의 단어 하나씩 반복하는 특징은 없다. 예를 들면, 아동은 야구를 집요하게 반복할 수 있다. 열렬한 관심이 있는 것은 좋다. 하지만 야구에 대해 너무 많이 이야기해서 학교에서 집중할 수 있는 능력을 방해하면 문제가 된다. 치료사 또는 선생님은 가끔 상습적인 또는 반복적인 행동(전등을 켜고 끄기, 붓으로 하나의 선을 계속 그리기 등)을 집요하게 반복적인 행동(보속성)으로 언급하기도 한다.

자극 행동은 이상한 행동임에도 불구하고 자신을 더 자극하거나 또는 다른 감각 자극에 대한 요구를 만족시키기 위한 자기자극 행동(self-simulating behavior)의 약칭이다. 손으로 펄럭이기, 물건을 돌리기, 머리카락을 쓰다듬기, 혀로 딸깍거리는 소리 내기 등은 모두 '자극 행동'이다. 좌절 또는 흥분 같은 강한 감정은 감각 시스템을 '과부하'할 수 있고 자극 행동을 유발할 수 있다. 일부 아동에게는 자극 행동이 머리 당기기, 공공 장소에서의 자위행위, 헤드뱅잉(머리 박기) 같은 부적절한 또는 자해 행동으로 나타날 수 있다.

앞에서 설명한 특징과 행동은 각기 사람에게 많게 또는 적게 나타나기 때문에 ASD를 가진 사람들은 비슷한 점과 다른 점을 다양하게 가진다. 교사와 치료사들은 ASD를 가진 사람들을 '고기능(high functioning)'(즉, 언어적인, 주류 교실에서 등) 또는 '저기능(low functioning)'(즉, 비언어적인, 심한 감각 문제 등)으로 종종 묘사한다.

ASD와 비슷하지만 (전문적으로 '자폐성 장애'라고 불리는) 자신의 '자폐 범주에' 차이를 유지하는 장애로 소아기 붕괴성 장애(Childhood disintegrative disorder), 비전형적 전반적 발달장애(PDD-NOS), 아스퍼거 증후군(Asperger's syndrome) 그리고 레트 증후군(Rett's syndrome)이 있다(설명을 위해 〈표 1-1〉 참조). 이 범위를 반영하기 위해 자폐증(Autism)을 '자폐스펙트럼장애(autism

〈표 1-1〉 DSM-IV-TR과 ICD-10의 ASD에 대한 설명 요약

자폐스펙트럼장애(ASD) 또는 자폐증

1. 자폐성 장애(DSM), 아동기 자폐증(ICD)

   사회성, 의사소통, 그리고 상상력 장애에 더하여 제한되고 반복적인 행동('자폐증'이란 단어를 사용할 때 대부분의 사람이 생각하는 것)

2. 레트 증후군

   1과 비슷하지만 여성에게서 나타남(매우 드묾; 다른 장애는 대부분 남성에게서 나타남), 머리 성장 감속, 손 기능 저하, 서툰 조정

3. 소아기 붕괴성 장애

   1과 비슷하지만 정상 발달의 2년 이상 후의 분명한 퇴행(아동이 '말을 잃다' 또는 '자신 내에서 도피'로 언급됨)

4. 아스퍼거 증후군

   1과 비슷하지만 언어 발달 및 인식의 지연 없음(독립적인 생활은 있을 법한 일)

5. 비전형적 전반적 발달장애(PDD-NOS, 비전형적 자폐증 포함)

   사회성 및 의사소통 장애와 고정화된 행동이 나타남, (앞에서 언급된 카테고리 기준에 따져보면 모두 들어맞지는 않음[주로 '고기능(Highfunctioning)' 자폐로 불림]

출처: DSM-IV-TR(APA, 2000); ICD-10(WHO, 1992).

spectrum disorder: ASD)'라고 부른다[1]. 발작장애(seizure disorder), 실행증(apraxia), 취약X증후군(fragile X syndrome), 체강 질병(celiac disease), 비언어적 학습장애(nonverbal learning disability), 수용 및/또는 표현 언어장애(receptive and/or expressive language disorder), 강박장애(obsessive-compulsive disorder), 주의력결핍 과잉행동장애(attention deficit hyperactivity disorder: ADHD), 난독증(dyslexia)

---

1) 역자 주: 이 책의 저자는 DSM-IV를 기준으로 집필하였다. 현재는 DSM-5로 2013년에 개정되었다. 이에 역자는 자폐, 자폐증(Autism)을 자폐스펙트럼장애(ASD)로 통합하여 표기하였다.

등은 때때로 ASD 같은 의심스러운 증상을 보이며, ASD와 연관되어 광범위한 ASD 연속체의 일부로 간주되기도 한다. ASD 아동과 일하는 치료사들은 보통 이런 증상을 보이는 아동을 치료할 수 있다. 아동이 스펙트럼 진단과 광범위한 연속체에서의 진단을 함께 갖는 것은 드문 일이 아니다. 다시 말해, 이런 연관된 진단과 ASD와의 공병 진단은 빈번한 일이다.

ASD를 가진 대부분의 사람은 정신지체(mental retardation: MR)가 조금 있지만, ASD와 MR이 같은 것이 아니라는 걸 주의하는 것이 중요하다. MR은 단지 IQ(보통 아직 스탠퍼드−비네 또는 웩슬러 검사로 계산된)가 70점보다 낮은 사람에 대한 분류이다. 집중 및 의사소통의 결핍 때문에 ASD 아동을 표준화된 검사를 하기에는 어려움이 있다. 그러므로 많은 아동은 자신의 지능의 실제 수준보다 더 낮게 받을 가능성이 있다. 흔하진 않지만 스펙트럼 선상의 진단을 받고도 정상 또는 평균 이상의 지능을 가진 이들도 있다(보통 아스퍼거 증후군일 때 더 흔하다). 더 심한 장애를 가진 사람들은 화장실에 가는 것과 위생상의 도움이 상시 필요할 수 있으며, 포괄적인 교육 환경에서는 혜택을 받지 못할 수도 있다.

서번트(savants, ASD 증상이 자신의 삶의 다른 면을 매우 악화시킴에도 불구하고 특별하고 명확한 재능을 보이는 사람)는 ASD를 가진 평균 사람보다 언론 보도를 확실히 더 많이 받는다. 이들은 인간 뇌의 기적적이고 신비로운 영감적인 예가 되지만, 비전형적이기 때문에 (일반적인 관점에서 천재처럼 드문) ASD의 일반적인 예로 생각해서는 안 된다.

그렇다면 ASD에 관한 가장 **그럴듯한** 설명은 무엇일까? 바로 유전이다. 과학자들은 ASD와 관련 있는, 가까운 또는 이웃의 유전자를 식별할 수 있었다. 덧붙여, 유전자의 절반을 공유하는 이란성 쌍둥이보다 유전자 전부를 공유하는 일란성 쌍둥이가 ASD를 가질 가능성이 훨씬 더 높다고 밝혀졌다. 한 가지는 확실하다. ASD 여부는 복잡하게 조합된 요인에 의해서 결정된다는 것이다. 음식 알레르기, 위장 문제, MMR(홍역-유행성 이하선염-풍진) 예방 접종 이전에 존재하는 티메로살(thimerosal)에 대한 이상 반응, 체내 수은 축적, 출생 시 외상 그리고 취약한 면역시스템 같은 환경 요인이 영향을 미치는 것에 관한 설득력 있는 증거가 있다. 즉, 사람의 유전자 코드에 올바른 유전자의 혼합과 한두 가지의 유발적인 환경 요인이 ASD의 원인을 설명할 수도 있다. 현재 자연(nature)과 양육(nurture)에 대한 이런 의견은 다양한 정신건강 문제를 설명하는 일반적인 방법이고, 이런 의견이 ASD에 대한 설명이 될지 안 될지는 아직 기다려 봐야 한다. 하지만 그러는 동안 부모들은 유전자 치료만을 기다릴 수는 없기 때문에, 아동의 증상을 조금이라도 완화시키려는 희망 아래 글루텐 프리 식이요법, 킬레이션 요법(chelation therapy, 체내 금속을 제거하기 위한 요법), 소화 호르몬 치료, 비타민, 신경이완제 약물, 고압 산소 챔버(산소 요법) 등을 실험한다.

ASD 아동은 어떻게 생겼는가? 보통은 남자이다. ASD를 가진 네 아이 중 셋은 Y 염색체의 일부 역할을 연루시킬 수 있는 남자아이이다. 그렇지 않다면 가족에게 축복과 저주가 될 수 있는 ASD의 외부적인 특징은 없다. 때때로 부모는 자신의 아이가 다른 아이들과 외관상 다르게 보이지 않아서 감사하지만, 낯선 사람이 일반적인 아이일 것을 기대하고 아이와 소통을 시도할 때 불편할 수 있다. 아

이가 정상적으로 보이지만 이상한 행동을 한다는 사실은 특히 대
중적 시각에서 볼 때 ASD를 신비한 장애처럼 보이게 할 수 있다.
저자는 어렸을 때, 상황을 설명할 필요 없이 누구나 보면 동생이
ASD임을 알 수 있다는 점에서 차라리 동생이 다운증후군을 가졌으
면 하고 바라며 많은 죄책감을 느꼈다고 기술한다. 저자와 함께 노
는 것에 별다른 신경을 쓰지 않고 대부분의 시간에 흥미를 보이지
않던 ASD 동생보다 다운증후군을 가진 사람이 저자와 더 잘 소통
할 수 있다는 것을 알고 있었기 때문이라고 했다. 오래지 않아 ASD
를 가진 사람의 반복적인 또는 유해한 행동은 편식, 수면 부족, 굳
은살과 반복적인 멍, 서툰 위생, 불안, 약물 부작용과 같은 물리적
특징을 나타낼 것이다. 쉽게 볼 수 없는 하나의 특징은 ASD 아동의
뇌는 흔히 신경학상으로 전형적인 아동의 뇌에 비해 조금 큰 편이
고 보급 배선에 차이(거의 모든 뇌의 주요 부분이 함축되어 있다)가 있
다는 것이다.

    미국 질병 통제 및 예방 센터(Centers for Disease Control and
Prevention, 2007)의 최근 통계에 따르면, 20개의 미국 지역사회에서
조사한 150명 중 한 아이는 스펙트럼 선상의 진단을 받았다. 이러
한 통계에 대해 많은 논쟁이 있다(그것이 숫자가 '증가'하고 있음을 보
여 주는 것인지 또는 전문가들이 더 정확한 진단을 하게 되었음을 의미하
는지에 대해). 하지만 중요한 것은 이런 아동(그리고 청소년과 성인)
의 수가 예상보다 더 많고 그들이 서비스를 필요로 한다는 것이다.

    일부 사람은 ASD의 치료법을 찾을 수 있다고 생각한다.
Bernard Rimland를 비롯한 여러 부모와 연구원들이 ASD가 서툰
육아로 인해 발생했다는 통념을 주장하던 1960년대부터 아주 많

은 변화가 있었던 것은 사실이다. 심지어 관습적으로 보던 발병 (onset) 시기의 나이(3세)도 도전받고 있다. 14개월 어린아이에게 서도 증상을 진단할 수 있다고 주장하는 최근의 치료사들에 따르 면, ASD는 3세 무렵 발생하는 것이 아니라 출생 때부터 숨어 있 는 것이며, 훈련받지 않은 이들에게는 조기 발견되지 않는다는 것 이다. 저자의 동생이 태어난 지 불과 18년 만에 유전자 연구의 발 전은 성취할 수 없는 꿈에서 손에 닿을 수 있는 것으로 많은 치료 적 가능성을 만들었다. 미래에는 또 어떠한 발전이 있을지 기대 된다.

ASD를 가진 사람들을 사랑하고 받아들이는 만큼 저자를 비롯한 치료사들과 ASD 아동의 가족들 모두는 아동 또는 학생이 ASD가 아 니었다면 어땠을지에 대한 상상을 한 번쯤은 한다. 그리고 할 수 있 다면 이런 아이들의 불안, 어색함 그리고 불편함을 없앨 수 있기를 간절히 바랄 것이다. 저자는 ASD의 치료법이 발견되어 조기 정년 퇴임을 할 수 있다면 이보다 더 좋을 순 없겠지만, 그것이 곧 일어 날 수 있는 일은 아니라고 말한다. 좋은 연구는 시간이 걸리고 ASD 아동은 우리에겐 최우선일 수 있지만 우리가 사는 세상의 최우선 순위는 아니다. 사회는 일반 사회복지 쪽으로 많은 공공자금 또는 민간자금을 투입하지 않는다. 그리고 ASD는 지금의 그 적은(여의 치 않은) 도움을 받는 유일한 장애가 아니다. 하지만 지난 몇 년 동 안 ASD에 대한 정보가 대중의 의식에 얼마나 빨리 퍼져 나갔는지 보는 것은 신나는 일이다. 유난스럽게 적극적인, 하지만 그래서 자 랑스러운 가족들은 절망 속에서 이런 변화를 이끌어 온 것에 대한 공로를 인정받아야 한다.

아무리 당신이 일반적으로 ASD에 관한 것을 배웠다 한들, 당신이 아는 ASD를 가진 특정 사람이 당신이 아는 ASD의 정의가 될 것이다. 이는 어쩔 수 없는 일이다. 저자가 치료사가 될 때까지 저자의 예는 동생이었고, ASD 범주에 있는 사람들의 다양성에 익숙해지기까지는 꽤 오랜 시간이 걸렸다. 따라서 저자가 이 장에서 제시한 ASD에 대한 모든 설명은 예외가 있을 것이다. 저자가 이 장에 서술한 모든 일반화보다 자신의 삶의 고유한 환경에서 살고 있는 복잡한 개인이 있을 것이며, 이는 저자가 이 장에서 소개하는 것보다 더 다양한 현실일 것이다. ASD를 정의하기 위해 우리는 그 차이와 특수성을 나열한다. 하지만 우리가 공통으로 공유하는 것은 바로 우리를 '사람'으로 연결하는 것이다.

우리 모두는 머릿속에 맴도는 노래가 있고(반복하기, 대본 쓰기), 비현실적이지만 각자 스스로를 진정시키기 위한 의식(습관적인 행동)을 가지고 있고(질서와 일상적인 일의 필요), 무의식적으로 타인의 감정을 염두에 두고 있지 않을 때도 있다(이해력 없음, 비사교적임). 하지만 이러한 행동은 ASD를 가진 사람에게처럼 우리를 소모시키지 않는다. 많은 장애처럼 ASD는 확대된 인간 본성의 특정적인 면이다. 더욱이 ASD를 가진 것이 반드시 아이의 자연적인 재능을 무색하게 만들지는 않으며, 결핍을 다루는 것에 엄격하게 집중하는 것보다 이런 아이의 강점을 쌓아올리는 것이 치료에 성공하는 데 필수적임을 명심해야 한다. ASD 아동은 어른으로부터 '아니요'를 많이 듣는다. 그들의 재능을 발견하고 개발하는 방법을 찾을 수 있도록 돕는 것은 아동 자신에게 '예'라고 할 수 있게 하는 것이다.

Chapter 2
조기개입치료와 미술의 통합

　　조기개입이 ASD 아동에게 가장 역동적이고 중요한 이유는 아동이 어릴수록 뇌가 더 '유연'하기 때문이다. 이 나이에는 많은 양의 신경 세포 연결(neuronal connections)이 이루어지며 아직 완전히 굳어져 있지 않다. 이 시기에는 치료사와 부모들이 아동의 환경과 아동에 대한 요구를 쉽게 조정하면서 아동의 뇌를 바꿀 수 있다. '조기개입' 내지 '조기유아개입(early childhood intervention)'은, 아동이 최초로 장애를 진단받는 시점(일부 장애의 경우는 출생 시, ASD의 경우는 보통 생후 18~36개월 사이)부터 학교 입학 시점(약 5세)까지의 기간을 말한다. 조기개입치료는 보통 다학제적 접근(multidisciplinary approach)을 통해 이루어지며, 이를 위해 여러 치료사와 교사가 모든 분야에서의 아동의 예후를 개선하기 위해 공동 작업을 한다. 물건을 다룰 줄 아는 나이가 되면 충분히 그리기를 통한 치료를 시작할 수 있다[일반적으로, 2~3세는 미술 활동(art-making)을 통한 치료를 시작하기에 좋은 나이이다). 이 장에서는 이 나이의 아동들의 치료에 미술을 활용하는 것에 질문들에 해답을 제시할 것이며, 이를 실행하기 위해 필요한 모든 지식 및 전략은 이 책의 나머지 부분에서 논의할 것이다.

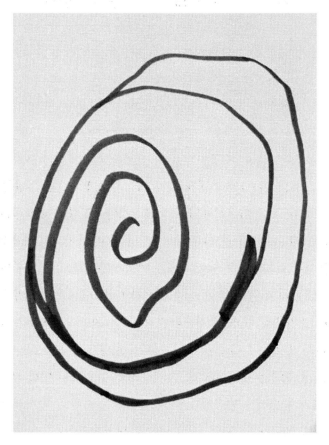

그림 2-1 어린 ASD 아동의 제어되고 나이에 맞는 낙서

ASD 아동이 미술에 관심을 갖는 이유

ASD 아동에게 미술은 강점(시각적 학습자, 감각적 호기심)과 결핍
(상상력, 감각 제어의 부족)이 융합하는, 흥미로운 교차점이다. 아동
들은 미술 활동을 많이 하고 싶어 하지만, 적절하게 참여하는 데에
는 어려움을 겪는다. (아동은 제3장에 나오는 증상들을 발산하는 수단
으로 미술 활동을 종종 사용하기도 한다.) 대중은 ASD 아동이 미술을
하는 것이 좋다고 생각하면서도 이러한 아동들은 미술을 이상한 방
식으로 사용한다고 말한다. 한편, 전통적인 치료 전문가들은 미술
활동이 보속(保續)적이고 퇴행적일 가능성이 있거나 기술 습득 이
상의 치료 효과는 없는 것이라고 한다. 이러한 상반된 시각에도 불
구하고 사람들은 여전히 아동 치료 활동에 미술을 활용하고자 계속
시도하고 있다. 많은 이는 미술이 아동에게 유익하다는 데에는 동
의한다. 하지만 미술 활동이 아동에게 어떻게 도움이 되는지, 또 왜
그런지에 대한 설명을 해 줄 수 있는 사람은 그리 많지 않다.

미술 활동을 하는 아동을 연구한 대부분의 전문가는 미술 활동
(art-making), 즉 그리기(drawing), 모형 제작/모델링(modeling), 만
들기(building) 등은 자연스럽게 타고나는 특징으로, 우리가 물건
을 잡고 사용할 수 있는 나이가 되면 저절로 발현되는 것이라고 한
다. 아동에게 크레용을 주었을 때, 크레용을 더 이상 음식으로 보지
않는 한 아동은 그것을 가지고 낙서를 할 것이고, 시간이 지남에 따
라 누가 가르쳐 주지 않아도 이러한 낙서는 점차 제어되고 의도적
인 그림의 형태를 갖추게 될 것이다. ASD를 가지고 태어난 아동에

게는 이런 능력이 없다고 가정할 이유가 없다. 상상력의 결핍, 불안 (anxiety), 감각 교란(competing sensory distractions) 등의 증상이 앞 의 능력이 발현하는 데 방해 요소가 될 수는 있지만, 그런 능력은 ASD 아동도 타고나기에 이미 갖추어져 있는 것이다. 또한 미술 이 론가들은 미술 활동이 타고난 것일 뿐 아니라 아동의 타고난 미적 욕구를 채워 주는 것이라고도 생각한다. 이는 ASD 아동에게도 마 찬가지로 적용된다. 사실 많은 ASD 아동은 자신의 미적 선호를 그 림으로 보여 준다. ASD 아동들은 여느 아이들과 지극히 다를 바 없 다. 이들 역시 아동이고 미술을 좋아한다. 게다가 이런 아이들에게 미술 활동은 보속적이고 자기자극적인 행동을 표출할 수 있는 통 로가 된다. ASD 아동 역시 일반 아동과 마찬가지로 미술에 이끌린 다. 다만, 미술에 대한 ASD 아동의 반응은 증상별로 다르게 나타날 수 있다. 예를 들어, 한 가지 일에 초집중하는 것(hyperfocus)과 같 은 증상이나 색상에 대한 보속적인, 즉 집요한 관심은 종종 미술에 대한 '높은' 관심을 보여 주는 것으로 해석하는 반면, 촉각적인 방 어 행동이나 상상력의 결핍은 미술에 대한 '낮은' 관심을 보여 주는 것으로 해석할 수 있다.

재활로서의 미술

간단히 말해, 재활(rehabilitation)이란 질병 내지 부상으로 손상 된 두뇌(혹은 신체)의 일부를 훈련하거나 단련시키는 치료 유형을 말한다. ASD 아동을 대상으로 하는 조기개입치료는 두뇌 안의 약하거나 비전형적인 연결을 다루는 재활치료이다. ASD는 뇌의 전반적인 '재배선(rewiring)'을 요구하며, 창의력은 복잡하고 뇌의 여러 엽(lobe)을 사용하는 과정이다. 만약 여기서 ASD 아동의 창의력과 상상력처럼 복잡한 것을 회복시키는 게 재활의 일차 목표라면 어떻게 접근해야 할까? 무엇이 가장 먼저 떠오르는가? 아마도 미술(arts)이 답일 것이다. 그림은 상상력 결핍, 소근육 운동, 시지각적 결핍, 발달 수준 등의 평가에서 이미 자주 쓰이고 있는 방법이다. 따라서 미술을 실용적 치료 방법으로 도입 및 적용하는 것은 용이할 뿐 아니라 정당성도 있다.

　조기개입치료에 쓰이는 미술의 유용성을 이해하기 위해서는 몇 가지 기본 가정이 필요하다. 첫째, 어른이 아동의 작품을 수정하는 것이 아니라 미술을 사용하는 데 가장 많이 관여하고 있는 아동의 일부를 미술을 통해 '고쳐야' 한다는 것이다. (제4장에 여섯 개의 주요 치료 목표가 제시되어 있다.) 둘째, 미술 작품 자체는 자기발견, 실험적 경험, 촉각(감각)의 허용 등 '미술 작품을 만드는 과정에서 얻는 것'만큼 중요하지 않다는 것이다. 미술 작품은 아동이 나이가 들수록 아동에게 중요하다(그리고 치료사 또는 교사에게도 유용하다). 그러나 어린 아동들은 완성된 작품을 감상하는 것보다 작품을 만드는 과정을 **훨씬** 더 즐거워한다. 셋째, 상상력과 창의력 등에 관한 기술 관련 재활이 자폐증을 가진 아동에게 치료적 가치가 있다는 것이다. ASD 아동이 특별한 관심이나 재능을 표시하지 않는 이상 보다 덜 실용적인 목표들은 의사소통, 배변, 수면 같은 다른 많은 현실적인 요구 때문에 자주 경시된다. 물론 이런 상황을 이해할 수 있지만, 이는 (예술적 조기 재능을 가진 ASD 아동뿐 아니라) 모든 ASD

아동이 어린 나이에 미술 활동을 쉽게 발전시킬 수 있는 소중한 시
간을 잃고 있다는 것을 의미한다. 마지막으로, 창의력은 학습 가능
하다는 것이다. 물론 창의력은 그 특성상 다른 치료 목표보다 불분
명하고 이해하기 어려운 면이 있다. 하지만 실제로 다른 치료 목표
보다 복잡하지 않다. 미술과 관련된 실험 정신이나 추상적인 사고
는 대개 어떠한 개입 없이도 아동의 발달에 따라 자연스레 생겨나
고 터득되는 기술이다. 이러한 자연스러운 점이 이 기술들을 가르
치는 것이 불가능하다는 것을 의미하지는 않는다. 우리가 일반 아
동에게서는 당연한 것으로 생각하는 추상적인 기술(예: 대화에서 생
략된 부분 추론, 가치 판단 및 상황 분석)을 ASD 아동에게 가르치는 것
은 ASD 치료에서 많은 부분을 차지한다. 일반 아동조차도 공백 상
태에서는 이러한 추상적인 기술을 학습할 수 없다. 모든 아동의 창
의적인 사고 개발을 위해서는 아동의 요구에 적절히 부합하는 환
경적 자극이 필요하다. ASD 아동을 위한 바람직한 학습 환경을 만
들기 위한 전략은 제6장에 설명되어 있다.

낙서에서 나아가는 방법

ASD 아동을 치료하는 조기개입 치료사들의 미술치료적 공통 목
표는 '무의미한' 그리기에서 '유의미한' 그리기로 나아가는, 다시
말해 의미 없는 낙서를 넘어 구상(具象)적인 그림을 그릴 수 있게
도와주는 것이다. ASD 아동이 어렸을 때 그리는 그림은 무질서하
고 억제할 수 없는 충동성을 보이며 보속적인 경우가 많은데, 이러

한 그림은 ASD 증상과 관련이 있다(이는 다음 장에서 다룰 것이다). 미술치료사가 아닌 치료사나 미술 교사는 종종 ASD 아동의 '좋은' 낙서(초점이 있고, 관조적이며, 실험적인, 때로는 혼돈된 것)와 '나쁜' 낙서(증상적인 것)를 구분하지 못하거나, 구분하지 않거나, 아동에게 나이에 맞는 낙서의 시기가 있다는 것을 무시하거나 신경 쓰지 않는다.

일반 아동의 초기 미술 발달 과정은 정말 놀랍다. 일반 아동에게 크레용 몇 개를 쥐어 주고 미소를 지으면, 무언가를 굳이 가르치지 않아도 나머지는 아동이 알아서 한다. 대부분의 어른이 당연시하는 유아기(만 3~6세, 유치원생 나이 또래)의 그리기 단계는 자기 교수(self-teaching)와 실험(experimentation)을 하는 기간이다. ASD 아동과 함께 미술을 하는 경우, 성인 기준에서 아동의 작품을 비교할 것이 아니라 아동미술발달(childhood artistic development)에서의 주요 이론을 숙지하고 그러한 지식을 비교 분석의 근거로 활용하여 아동의 미술을 이해하는 것이 중요하다.

Viktor Lowenfeld(1987)와 Rhoda Kellogg(1969)는 아동미술발달 분야에서 가장 영향력 있는 이론을 발전시킨 미술 교육자로, 모두 1940년대에서 1970년대까지 미국에서(Lowenfeld는 펜실베이니아에서, Kellogg는 캘리포니아에서) 활동하였다. Viktor Lowenfeld의 확장 이론(extensive theory; W. Lambert Brittain과 공동 발표)은 아동의 심리적 요구를 유아기에서 성인기까지의 아동의 예술적 성장과 연관시킨 것으로, 미술교육과 미술치료 분야에서 공인된 기본 이론으로 여전히 받아들여지고 있다. Lowenfeld는 유아기의 그림이란 무질서하고 마구 그리는 낙서에서 출발하여 아이들이 이름을 붙이는 제어된 낙서로 진행하는 것(progression)이라고 설명하면서, 이 과정이 어른들이 알아볼 수 있는 도해/상징을 갖는 전도식기(preschematic stage)의 의식적인 그림을 그리는 시기 전에 일어난다고 하였다.

Rhoda Kellogg는 수십만 개나 되는 전 세계 아동의 그림을 수집, 관찰 및 분류했다. Lowenfeld보다는 조금 덜 알려진 Kellogg는 낙서란 주로 운동 감각적인 활동(kinesthetic activity)이라 보는 시각에 이견을 내며, 시각적 관심이 보다 주된 것이라고 생각했다(그렇지 않으면 아이들이 왜 굳이 그림을 그릴까?). 그녀는 아동들이 외부의 모델을 따르지 않고, 아동 스스로의 본능적인 고유한 미적 감각으로 그림을 그린다는 점을 관찰했다. 낙서에서 전도식기 작품까지의 변화에 관한 Kellogg의 기록은 Lowenfeld의 이론이 다루지 않은 것으로, 아동이 낙서에서 나아가도록 도와주는 방법을 이해하는 데 매우 유용하며, 이 기간의 아동 미술에서 낙서의 풍부함에 대해 보여 주고 있다(〈표 2-1〉 및 〈표 2-2〉 참조).

철학적인 차이는 보였지만, Kellogg와 Lowenfeld는 모두 낙서가 중요하고 선천적인 탐구 활동으로 아동의 운동 능력과 신체 성장에 영향을 받는다고 생각했다. 여기에 추가로, (모든 아동에게도 적용되지만) ASD 아동의 경우 감각적인 불편/산만함과 독특한 미적 시각도 낙서에 영향을 미치는 요인이라고 볼 수 있다. 물론 (ASD 아동 또는 재능이 있는 아동이 아닌) 평균적인 아동에 관한 발달 이론도 적절히 참고해야 할 것이다. Lowenfeld와 Kellogg의 의견 역시, 모든 아동이 자신의 환경에서 자유롭게 돌아다니고 배우며 새로움을 추구하면서도 불편한 감각 자극에 지속적으로 노출되어 있지 않다는 가

〈표 2-1〉 Viktor Lowenfeld의 유아기 예술 발달 이론의 개요

VIKTOR LOWENFELD

문헌: Creative and Mental Growth(Lowenfeld, 1947, 1952, 1957, 1964, 1970, 1975, 1982, 1987)

낙서 단계(18개월~4세):

운동 감각적 즐거움의 시기로, 미술 활동에 대한 태도를 개발하는 시기로 설명

(1) 무질서한 낙서: 제어되지 않은 무분별한 표시

(2) 제어된 낙서: 늘어나는 다양성과 실험적 경험

 = 아빠

(3) 이름이 있는 낙서: 그림 자체에는 약간의 변화만 있지만, 낙서에 이름을 짓고 그에 따라 낙서를 구상적인 것으로 생각

전도식기 단계(4~7세):

의식적인 미술 활동이 시작되는 시기로 설명. 모든 미술은 아동의 삶과 관심을 직접적으로 반영하는 것으로 여겨진다('자기중심성'). 기본적인 도해/상징이 개발되며, 그 첫 번째 대상은 '사람'이다.

〈표 2-2〉 Rhoda Kellogg의 유아기 예술 발달 이론의 개요

RHODA KELLOGG

문헌: Analyzing Children's Art(Kellogg, 1969)

약 18개월에서 4~5세까지:
기초적인 기술의 진보……

기초 낙서(점, 선, 닫힌 고리 모양 등): 의도적으로 또는 우연히 만들어질 수 있음

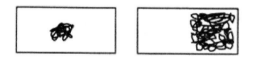

위치 무늬: 종이에 표시할 위치를 신중히 결정함

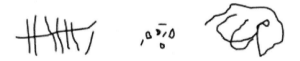

도형 형태를 보이기 시작함: 낙서가 형태를 갖추기 시작함

도형: 삼각형 및 십자가 등 통상적으로 '도형'이라 부르는 것

결합: 두 개의 도형의 결합

집합: 세 개 이상의 도형의 집합

……이들은 첫 번째 도해를 만들어 내는 데 이용된다.

첫 번째, 만다라 모양: 　　그리고 태양:

그다음으로, 방사 형태:

마지막으로, 인간:

4~7세에는 동물, 건물, 나무, 꽃, 운송 차량 등의 도해가 발달하고 다양성이 증가한다.

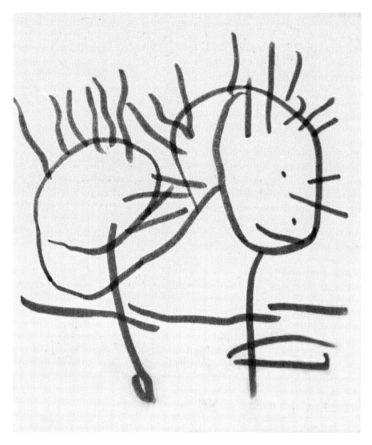

그림 2-2 '태양 사람들': 3세의 ASD 아동이 치료 후 그린 그림. Rhoda Kellogg의 책에 수록된 것으로 아동의 나이에 맞는 그림!

정하에 만들어진 것이다.

다음 장에서는 ASD 아동들의 작품이 가진 몇 가지 공통적인 특징을 다룰 것이다. 이러한 특징들은 일반적인 규범에서 벗어난 것으로, 무엇보다도 비전형적이거나 지연된 미술 발달을 말한다. 예컨대, 낙서 단계에 '머물러' 있거나, 낙서와 도식적 작품 사이를 오가거나, 낙서 단계를 완전히 건너뛰는 것이다. ASD 아동이 (몇 세든 간에) 낙서 단계에서 멈춰 있지만 더 잘할 수 있다고 생각되는 경우, 아동이 나아질 수 있도록 돕는 몇 가지 방안은 다음과 같다.

건강한 낙서를 찾아서 격려하기

건강한 낙서란 무엇인가? 실험적 경험, 유연성 및 다양성을 담고 있는 것이다. Kellogg가 기록한 다양한 종류의 낙서(〈표 2-3〉 참조)를 찾고 식별하는 훈련을 하고, 그녀가 설명한 발달 과정을 목표로 삼아야 한다. 아동의 건강한 낙서들을 보면 그러한 바람직한 경험을 강화하기 바란다.

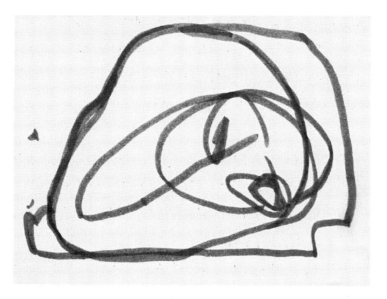

그림 2-3 건강한 낙서: 보통은 보속적인 3세 아동이 그린 멋지고 건강한 집합적 낙서

환경 조건을 평가하기

외부 감각 자극(시각, 소리, 냄새 등)을 감소시키고 그리고/또는
최대한 편안하게 해 주고 목표를 명확히 알게 하도록 방을 정리해
줌으로써 아동이 집중할 수 있게 도와준다. ASD 아동이 자주 요청
하는 구조와 예측을 제공하되, 경직성을 충분히 감소시킬 만큼 프
로젝트 또는 작업 공간을 자주 변경해 준다. 아동이 결국 집이나 학
교 같은 자연스러운 환경에서 미술 활동을 할 수 있도록 하는 것이
목표가 되어야 한다.

시각적인 지원을 제공하기

ASD 아동은 종종 매우 시각적이고(시각적인 자극을 즐기고 이해를
높이기 위해 시각적인 지시를 필요로 함. 심지어 머릿속에 사진을 찍듯
상세히 기억하는 정확한 기억력을 가진 경우도 있음), 약간의 시각적인
'자극'을 주는 것이 많은 도움이 될 수 있다.

- **시각 개시자**(예: 수평선 또는 원 그리기)는 아동이 그림을 '완성'
  하도록 돕는 것을 말한다. 이는 아동이 백지 상태의 캔버스에
  기죽지 않도록 하기 위해 예술가가 캔버스에 크게 가로지르는
  선을 그리는 것과 같다.
- **시각 모델**은 아동에게 영감을 줄 수 있는 어떤 것이든 가능하
  다(장난감, 사진, 어른이 그린 그림).
- **시각 지시**는 그림이나 글 형식의 것으로, 구조와 목표를 명확

하게 제시해 줄 수 있다. 시각 지시는 단순하게 제시해야 한다. 왜냐하면 사진에 담긴 외부 정보로 인해 아동의 집중력이 흐트러질 수 있기 때문이다.

다루기 쉬운 부분들로 과제를 나누기

필요할 경우, 프로젝트를 작은 부분들로 세분화시킨다. 예를 들어, '집 그리기'는 수평선을 두 개 그린 다음 수직선을 두 개 그리고 (상자 또는 사각형 그리기), 상단 지점에서 만나는 선을 두 개 그리는 것(삼각형을 만드는 것) 등이라고 설명한다.

물리적 · 감각적 지원을 제공하기

아동이 자신의 몸을 조절하도록 돕는 방법을 제6장에서 읽고 필요에 따라 이러한 지원을 제공한다. 보통 자신의 몸을 조절할 수 있다면 작품의 질이 크게 향상된다. (경험 법칙: 직접적으로 아동의 증상에 영향을 주어서 간접적으로 아동의 작품에 영향을 준다.) 아동이 부적절한 자기자극(self-stimulatory) 방법으로 미술 도구를 사용하면 다른 것으로 대체하여 준다(예: 붓을 씹는 경우 씹기에 적당한 다른 것을 주기). 낙서를 선호하는 일부 낙서쟁이 아동은 좋게 시작하지만 선을 긋고 싶어 하는 운동 감각을 이겨 내지 못한다. 이럴 때는 손목이나 어깨를 부드럽게 압박하면서 '천천히 하라.'는 언어적 또는 시각적 신호를 주면 도움이 된다. 손을 잡고 신호를 주는 것은 좋은 실천 방안일 수 있지만, 가능한 한 빨리 당신 손의 압력을 줄여라. 이는 작업 자체를 할 수 있는 방법을 가르치는 것이 아니라 작업을 완성하기 위해 아동이 자신의 몸이 어떻게 느끼고 움직여야 하는지를 교육하는 데 이용될 수 있다.

독립적인 작업을 절대 말리지 않기

아동이 고치거나, 수정하거나, 느리게 하더라도 아동의 독립적인 미술 작업을 절대 말리지 않는다. 아동의 작품이 아동이 할 수 있는 최선의 것이 아니더라도 칭찬해 주고, 최선의 작품인 경우에는 특별하게 강화(reinforcement)해 준다. 아동의 현재 수준을 발달시켜야 하며, 예상치 못한 것들을 제시하여 따라 하게 해서는 안 된다. 주제에 대한 아이디어는 가능한 한 아동으로부터 나와야 하고, 어른으로부터는 가능한 한 적게 나와야 한다. 아동의 작품이 최선보다 못할 경우 중립적인 태도를 유지해야 한다.

낙서를 구별하고 이름 짓기

낙서에 이름을 짓는 것은 재미있을 뿐 아니라 아동이 표시들을 서로 시각적으로 구별하고, 추상적 사고를 연습하고, 전도식기 그림을 그리게 되는 데 도움이 된다. 아동이 기본적인 낙서에 대해 개인적인 이름을 지을 수 있게 격려한다(예: 수직선은 '철길'이나 '호랑이 줄무늬', 점은 '팝콘' '눈알' '개미' 등). 서로 다른 표시/낙서를 구별하기 위한 다른 재미있는 방법은 소리, 노래, 사진, 인물, 이야기, 또는 임의의 신호를 자국/선과 짝짓는 것이다. 낙서들이 서로 명확하게 구분되도록, 격자무늬나 바둑판을 그리는 것처럼 종이를 나누어 준다.

즐기기

예전에 어떤 사람은 "아동의 일은 노는 것이다."라고 말했다. 하지만 ASD 아동에게는 적절히 노는 것이 힘든 일이다. 치료사는 열정적이면서도 평온하고 재미있는 분위기를 유지하면서 지도한다. 지시 사항을 노래로 불러 주고, 아동이 '그리기를 선호하는 손'을 간지럽히거나 따뜻하게 마사지해 주고, 간식과 화장실 등 필요한

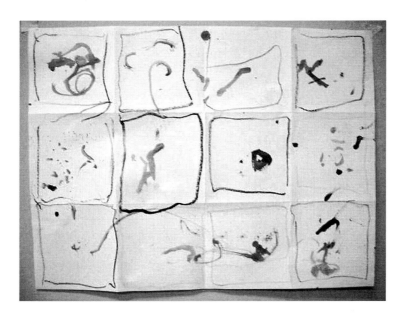

그림 2-4 서로 다른 종류의 낙서들을 아동이 시각적으로 분리하고 식별할 수 있게 도와주기. 나머지 표시로부터 하나의 특정 표시를 '찾아내어' 아동이 좀 더 유능하고 의도적인 낙서를 그리도록 도와주기

것들을 위해 쉬는 시간을 준다. 요구와 보상 사이의 유동적인 관계를 형성하려 노력하고(이를 통해 최대한 즐거워 보이도록 노력하고), 보속적이거나 다른 증상을 보이는 작품을 그리는 경우 이를 못하게 하려고 아동과 다투지 말아야 한다. 아동과의 타협 및 강화를 통해 그러한 작품을 수정하게 하되, 긴장 또는 흥미를 통해 아동이 그리기 작업을 계속하게 해야 한다.

아동의 능력에 대한 믿음과 자신감을 표현하기

ASD 아동이 기술(skill) 및 제어(control)를 습득하고 전도식기를 향해 나아감에 따라, 아동은 자신의 작품에 실망할 수 있다. 아이러니하게도, ASD 아동의 경우, 미술 활동에 시간을 더 투자할수록, (심지어 3~5세의 어린 아동도) 자신의 나이에 적절한 수준보다 더 높은 수준의 기법이나 세부 묘사를 자신의 기준으로 삼는 경우가 있다. 어린 ASD 아동은 종종 일반 아동보다 자기비판적이다. 적절하거나 도움이 될 것으로 판단되는 경우, 아동이 자신의 작품을 (어른 작품이 아닌) 친구의 작품과 비교하도록 도와주고, 부정적인 시각이 아닌 긍정적인 시각을 갖도록 해 주어라. 아동이 자신감을 얻고 그림에 대한 건전한 태도를 가질 수 있게 돕고, 아동이 좌절해서 포기하는 일이 없도록 한다. 어떠한 과제라도 최소한의 단위로 나누어 학습할 수 있다.

함께 미술 활동을 하기

아동을 도와주지만 말고 당신도 미술 작품을 만들며 아동과 함께 혹은 나란히 앉아 작업하면서 아동의 실제 모범이 되어 주며 아동이 학습을 주도하게 한다. 아동의 최고 작품을 베끼거나 모사해서 아동의 관심을 끌고, 칭찬하고, 양방향 학습이 이루어질 수 있도록 한다. 심지어 아동들이 당신에게 지시를 하게 한다. 성인이나 전문가의 기술 수준이 아니라, 아동의 현재 기술 수준이나 아동이 달성하고자 노력 중인 기술 수준으로 아동과 함께 그린다. 이는 아동이 어리고 그리고/또는 그리기를 배우는 중인 경우 가장 중요한 사항이다. (이보다 높은 기술 수준은 종종 ASD 아동을 현혹 및 좌절시킬 수 있다.) 아동의 연령에 적합한 발견, 탐험 및 건강한 낙서의 과정을 아동에게 보여 준다(치료사는 이것을 '모델링'이라고 부른다).

습득한 것을 유지하기

아동이 가진 증상의 강도는 주기적으로 변화할 수 있다. 즉, ASD 아동의 그리기 수준은 매주 약간씩 변동을 보일 수 있다. 아동이 연습을 통해 특정 그림이나 낙서를 확실히 습득하도록 하고, 이를 연속하여 최소 3~4회 수업에 걸쳐 혼자서 그릴 수 있는지 확인한다 (행동주의자의 경험 법칙).

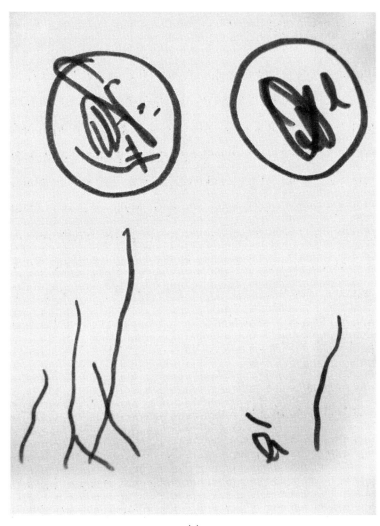

(a)

(b)

그림 2-5 시각 개시자(visual starters): 이 아동은 낙서에 이름을 짓기 시작했지만 여전히 무질서하고 매우 운동 감각적인 방식으로 그림을 그렸다. 치료사는 아동이 이름을 지은 낙서에 대해 두 개의 원을 그려서 기준점(point of reference)을 제공했다(원 안이 얼굴이고, 그 아래의 작은 표시들은 '발'임). 단지 1~2주 후에, 아동은 (b)와 같은 그림을 그렸다. (오직 원만 그려 주었을 뿐, 다른 어떠한 모델도 그려 주지 않았다!)

(a)

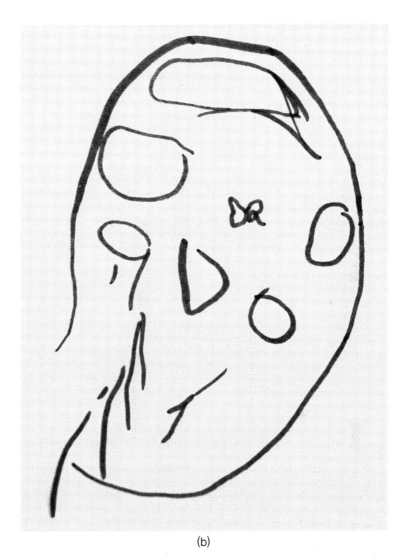

(b)

그림 2-6　시각 모델(visual model): 이 아동은 대부분 (다음 장에서 설명하는 '보속적인 웅덩이'와 같은) 단순하고 보속적인 낙서를 했다. 하지만 이 아동은 조그마한 소방관 장난감에 관심을 보였다. 구두 설명 없이, 그 장난감 그림을 그려 주고, 이를 가리키며 아동의 책상에 올려 두었다. 그 그림을 참조하면서 아동은 (b)의 집합적 낙서를 했다. 이는 세부 사항에 주의를 기울인 나이에 적합한 낙서이다. 훌륭한 발전이다!

모든 것이 실패할 경우 가르치기

아동이 낙서에 적절한 시기가 지났는데도 낙서만 고집하지만 보다 발전할 수 있다고 생각되는 경우에는 직접적인 가르침을 시도한다. 일반적으로, 5세 이하 아동이 그림 모방하기('베끼기')를 하게 하는 것은 바람직하지 않다. 이 연령대의 일반 아동은 베끼기를 통해 학습하지 않고, 모델을 모방하는 것에도 무관심하다. (물론 ASD 아동은 더욱 무관심하다.) 아동이 스스로 그림을 만들어 내도록 격려하기 위한 상황을 만든다. 하지만 이에 반응하지 않는 아동에게는 도해(schemas, 사람, 집, 나무 등)를 가르쳐 주기 전에 기초적인 낙서 및 도형들을 가르쳐 줌으로써 아동이 스스로 도해 작업(schmatic work)을 할 수 있는 기회를 준다. '베끼기'는 측정 가능하고 '성공적'이라는 이유로 자주 쓰이지만, 베낄 수 있다는 것은 창조적인 성장에 대한 부정적인 표지이다.

아동들은 서로 다르다. 따라서 여기서 제시한 팁들을 상황과 판단에 따라 서로 바꿔 가면서 꺼내 쓸 수 있는 도구처럼 사용할 수 있다. 재빠른 강화와 칭찬, 순발력과 열정도 필요한 기술이다. 예리한 관찰자, 교사 및 치료사로서, 아동을 이끌고 또 아동을 따라간다는 역설적인 두 역할을 동시에 수행해야 한다. 이 둘 사이에서 균형을 유지하는 것은 ASD 아동과 함께 미술을 할 때 유용할 것이다.

Chapter 3

ASD 아동이 만든
작품의 특징

ASD를 가진 사람들이 만든 작품에는 독특한 아름다움과 스타일이 있다. ASD 아동의 신체 및 환경에 대한 경험은 일반 아동과 차이가 있으며, 이러한 차이는 ASD 아동의 작품에 나타난다. 몇몇 관찰되는 주목할 만한 특징은 미술 활동에서 ASD 관련 스타일이란 것을 설명하기에 충분하다. ASD 진단의 일반적인 증상처럼, 적어도 몇몇 미술적 특징은 ASD 아동에게서 많게 혹은 적게 보이는데, 이 특징들은 다양한 아동만큼이나 광범위하게 나타난다. 사실 모든 아동은 미술 활동의 어떤 시점에서 이런 여러 가지 특징 중 하나를 보이기 마련이지만, 이는 이러한 특징들의 보편적 특성 때문이며, 일반적인 미술 발달을 지연시키는 것처럼 보이게 하는 것이야말로 ASD 특유의 미술적 특징이라 할 수 있다.

증상과 작품의 특징 매칭하기

이 장에서는 미술적 특징들을 가장 연관성이 높은 ASD 증상과 함께 묶어 놓았다. 주의할 점은 ASD 행동이 서로 연결되어 있고 하나의 특징이 하나 이상의 증상에서 나타날 수 있다는 것이다. 예를 들어, '보속적인 웅덩이'는 보속적인 증상과 자기자극 행동 때문에 나타날 가능성이 높고, 상상력의 결핍 때문에 나타날 수도 있다. 반복과 혼란을 피하기 위해, 가장 일어날 듯한 증상을 골라 그에 대한 관련 내용을 기재하였다. 범주 자체는 그다지 중요한 것이 아니다. 보다 중요한 것은 ASD 증상과 아동의 미술 활동 과정 사이의 관계

그림 3-1 자화상에 무지개 세부 묘사를 추가하는 아동

를 보다 잘 이해하여, 아동의 미술 활동에 보다 적절히 개입하고 아동을 위한 보다 나은 환경을 만들어 주는 것이다.

별도로 표시되지 않은 한, 미술적 특징을 설명하는 데 사용된 용어는 저자가 만들어 낸 것으로, 이 분야의 치료학자들이 알아볼 수 있는 용어로 구성되지 않았다. 아동이 미술 작품을 만드는 과정에서 아동의 행동이 관찰되지 않는 한, 아동의 미술을 설명하기 위해 어른들이 이 용어들을 사용하는 것은 자제했으면 한다.

ASD 증상 1: 하나 이상의 영역(말하기/대화, 상상력, 사회성 등)에서의 비전형적인 또는 지연된 발달

작품의 특징

미술 발달지연(artistic developmental delay)   Tony Charman과 Simon Baron-Cohen(1993)에 따르면, ASD 아동의 그림에서 나타나는 아동의 발달 수준은 아동의 비언어적인 정신 연령(nonverbal mental age)과 연관되어 있다. 이러한 비언어적인 정신 연령은 ASD 아동의 경우 종종 지연되지만, 항상 지연되는 것은 아니다. 발달지연이란 어떤 아동이 일반 아동과 같은 순서로 같은 단계에 도달하지만, 그 나이 또는 속도가 느린 것을 말한다. 저자의 연구(Martin, 2008)는 그림이 아동의 구체적인 진단을 반드시 나타내는 것은 아니지만 발달 수준을 나타낼 수는 있음을 보여 주었고, 뛰어난 또는 연령에 적합한 그리기 기술이 ASD의 보편적인 특징이 아니라는 Charman과 Baron-Cohen의 주장을 뒷받침했다. 그러한 예로는 낙서 단계에서 멈춘 미술적 발달이나 지연된 그리기의 착수를 들 수 있다.

비전형적인 미술 발달(atypical artistic development)   비전형적인 발달이란 아동의 성장이 일반적인 경로를 따르지 않고 비정상적이 거나 그 순서가 뒤섞이는 특징을 보이는 것을 말한다. ASD 아동에 게 발견되는 몇 가지 특징은 (이해할 수 없는 낙서에서 식별할 수 있는 그림으로 나아가는 과정에서 실험적 단계가 없이) 그림의 전도식기를 건너뛰는 것, 보편적이지 않은 주제를 선택하는 것(Selfe, 1983), 또 는 조숙한 그림 능력을 보이는 것이다.

ASD 증상 2: 완성에 대한 욕구

작품의 특징

쌓아올리기(stacking)   쌓아올리기는 주로 점토 작품에서 볼 수 있다. 이는 각 부분들의 위치보다는 존재에 더 많은 관심을 가지고 그러한 부분들을 하나로 모아 덩어리로 만드는 경우를 포함한다. 그 예로, 일관되거나 정확한 위치에 따르지 않고 '머리' '몸' '팔' '다 리'의 순서로 쌓아올려 사람을 만드는 것이다.

쑤셔 넣기(cramming)   이는 주로 그리기와 색칠하기에서 볼 수 있다. 쑤셔 넣기는 구성보다는 완성을 중요시한다는 점에서 쌓아 올리기와 비슷하다. 아동은 종종 배치에 신경을 쓰지 않고 그리기

그림 3-2 쑤셔 넣기: 이 아동은 다리를 그릴 자리를 미리 생각하지 않고 그리기 시작한 나머지 마지막에 다리를 아무렇게나 덧붙였다. 여자의 얼굴과 손의 세부 묘사를 완성하는 것에 훨씬 관심이 많았다.

시작한 나머지 종이에 여백이 부족해서 나머지 구성 요소를 '쑤셔' 넣는다.

충동적 수정/완성(impulsive correction/completion)   이는 그림에서 누락된 것을 인지하는 것 혹은 자기 그림을 수정하려 하거나 타인의 그림을 (허락 유무와 관계없이) 수정하려 하는 충동에 대한 참을성이 낮은 것을 말한다. 일반 아동의 경우 쌓아올리기, 쑤셔 넣기, 충동적 수정/완성은 일반적인 행동이지만, ASD 아동의 경우는 이러한 행동이 발달적으로 적절한 연령이 지난 후에도 계속되거나 강박적이고 충동적인 감정 또는 시공간적 결핍과 관련되어 있을 수도 있다.

많은 세부사항(high detail)   그림에 세부사항을 너무 많이 넣는 경향은 일반적으로 아동이 전도식기에서 그림을 그릴 때 처음 발견된다. 이와 같이 그림을 그리는 아동들은 지나치게 세부적인 내용을 걸러 내지 못하고 무심결에 자신의 그림에 그려 넣는다. 이런 아동들은 보통 예술가로 평판을 얻기 시작한다. 이 행동은 보통 예술적 서번트(artistic savant)에게서 나타나는 초집중 상태(hyperfocus) 또는 '고충실도 주의(high fidelity attention)'(Rimland, 1978)라고도 한다. 많은 세부사항에 대한 욕구는 지각/감각 문제, 보속적 특성 및 강박적이고 충동적인 행동, 지도 또는 평면도 그리기처럼 특히 순서와 체계(order and organization)에 관한 욕구와 관련되어 있을 수 있다.

ASD 증상 3: 순서와 체계에 대한 욕구

작품의 특징

색상 배열하기(color sequencing)   이는 어른들이 알아차리고 치료사인 저자에게 가장 자주 언급하는 특징이다. 색상 배열하기는 색상을 고정된 순서로 사용하려는 욕구를 말한다. 이는 빨주노초파남보(빨강-주황-노랑-초록-파랑-남색-보라)라는 색상에 따라 무지개 스키마(schema, 도식)를 사용하는 것으로 주로 표현된다. 하지만 색상이 무작위로 배열된 팔레트가 주어진 경우, 아동들은 그 팔레트의 빨주노초파남보가 아닌 순서를 있는 그대로 엄격하게 따르기도 한다. 색상 배열하기는 흔히 그리기와 칠하기에서 관찰된다. 아동들은 단지 선이나 얼룩에 만족하기에 작품들은 종종 비구상적(non-representational)이다. 색상 배열은 컬러 점토에서도 나타날 수 있다.

색상 이름 짓기(color labeling)   이는 사람, 건물, 사건 등 무언가를 색상으로 이름 짓는 것이다(예: "월요일은 빨간색이다."). 특정 색상을 선택하는 특별한 이유에 대해 알기는 어렵다.

목록 만들기(cataloging)   목록 만들기는 주로 그리기에서 나타난다. 이는 관심의 대상들에 대한 시각적 목록 만들기로 나타나는데, 관심의 대상들은 종종 서로 연관되어 있다(예: 여러 가지 종류의 기차나 여러 종의 딱정벌레 그리기 등). '목록 만들기'는 ASD 아동의 미술

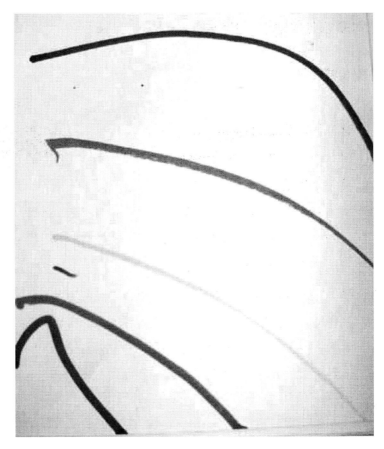

그림 3-3 색상 배열하기: 무지개는 (어른들이 가르치기 때문인지) 많은 아동에게 인기 있는 주제이다. 특히 ASD 아동은 강하게 그리고 자연스레 무지개에 끌리는데, 이는 무지개의 고정적이고 예측 가능한 색상 순서 때문이다.

작품을 설명하는 데 통상적으로 자주 사용되는 용어이다. 순서와 체계를 가진 목록에서 보이는 특징들은 보속성과 관련이 있으며, 아동이 자기진정(self-soothing)을 하게 하고, 아동은 목록을 만드는 과정을 즐겁게 수행한다.

ASD 증상 4: 상상력 결핍 또는 굳은/문자적 사고

작품의 특징

주제 개발의 어려움(difficulty with subject development)   ASD 아동은 자신만의 고유한 아이디어를 생각해 내는 것을 어려워할 수 있다. 이러한 아동들은 자주 '정답'에 대한 단서를 타인이나 환경으로부터 찾고자 할 것이다. 아동이 이 기술(즉, 자신만의 아이디어를 생각해 내도록 하는 것)을 개발하도록 돕는 작업에는 많은 인내심이 필요하지만, 이는 가장 중요한 미술 관련 목표 중 하나이다.

타인에게 자화상의 특징 강요(self-portrait features imposed on others) 이 특징은 완성(completion)에 대한 욕구, 스키마 교착상태(schema stalemate, 아동은 자화상을 종종 인간의 기본적인 스키마로 사용한다), 대명사의 어려움(pronoun difficulty), 마음 이론(theory of mind)과 관련이 있어 보인다. ASD 아동은 타인을 그릴 때 그 타인에게는 없는 (하지만 아동들은 가지고 있는) 안경, 주근깨, 여드름, 머리 색상 등을 그려 넣는다.

실험의 결여(lack of experimentation)   일반 아동은 꽤 실험적으로 디자인과 스키마를 그리며, 종종 새롭고 익숙하지 않은 감각적 경험을 추구한다. 하지만 ASD 아동에게는 이러한 실천적인 실험적 행동이 종종 결여되어 있다. 이는 감각 문제와 비전형적인 발달과 관련이 있을 가능성이 높다.

그림 3-4 타인에게 자화상의 특징 강요: 두 개의 큰 여드름이 있는 타인의 초상화. 이 그림의 주인공인 타인에게는 그림에서 보이는 여드름이 없었다. 하지만 이 그림을 그린 아동은 그 당시에 자신의 여드름을 걱정하고 있었다. 이 그림에서는 꾹꾹 눌러 그렸다는 점, 보속적인 선들, 그리고 세부사항에 대한 욕구 또한 확인할 수 있다.

비현실적 표현의 어려움(difficulty with non-veridical representations)

'비현실적'은 '진짜가 아닌 것'을 의미한다. 이 특성은 Craig, Baron-Cohen과 Scott(2011)의 연구에 설명되어 있는데, 이 연구에서는 다양한 상상화 그리기 작업을 사용하여 ASD 특유의 상상력 결핍을 확인했다. ASD 아동은 현실에 존재하지 않는 무언가를 그리는 것을 어려워한다.

ASD 증상 5: 보속성 또는 강박적–충동적 행동

작품의 특징

보속적 그래픽(graphic perseveration)   보속적 그래픽은 아동의 작품에서 주제가 일관되어 있는 것을 말한다(예: 특정 TV 프로그램의 인물, 자동차, 말, 무지개 등). (어른도 마찬가지이지만) 아동들은 흔히 선호하는 주제를 그린다. 하지만 ASD 아동은 종종 다른 것들에 관심을 가지지 않고 선호하는 주제만을 그린다. 보속적 그래픽은

그림 3-5 보속적 그래픽: '피리'를 만들어 보속적으로 구멍을 파는 즐거움을 표현하고 있다.

아동의 완고하고 강박적인 행동에 기인한 것이라는 점에서 좋아하는 스키마 또는 미술 작품의 주제 부분(thematic body)과 차이가 있다. 보속적 그래픽은 종종 특정 아동이 '미술을 사랑하는' 주된 이유가 되는데, 이는 보속적 그래픽이 아동의 보속적 행동의 표출 수단으로 작동하고 어른이 어떻게 관리해 주느냐에 따라 보속적 그래픽이 미술 활동 세션에서 큰 도움이나 방해가 될 수 있기 때문이다. 보속적 그래픽은 상상력 결핍이나 순서와 체계에 대한 욕구와 관련되어 있을 수 있다.

　　스키마 교착상태(schema stalemate)　　스키마 교착상태는 아동의 스키마 발달이 멈춘 상태를 말한다. 아동은 일단 '집' '사람' 등을 어떻게 그릴지 결정하면 어른이 개입하지 않는 한 그 스키마를 거의 바꾸지 않는다. 아동은 자신의 스키마에 만족하여 타인의 의견에도 불구하고 그것을 변경하려는 동기나 욕구가 거의 없다. 이것은 아마도 실험의 결여 또는 사회성 결핍과 관련된 것으로 보인다.

　　보속적 웅덩이(perseveration puddles)　　보속적 웅덩이는 아동의 그림에서 자주 볼 수 있는데, 아동이 구상적인 수준의 그림을 그릴 수 있는 경우에도 불구하고, 종이 위에 물감을 듬뿍 묻히는 등 운동감각적(kinesthetic) 그리고 감각적(sensory) 즐거움 추구에 기인하는 것으로 설명된다. 때때로 각 물감의 웅덩이를 마치 색상 배열하기처럼 한 번에 하나의 색깔씩 체계적으로 배열하는 것을 포함하기도 한다. 보속적 범주 및 강박적-충동적 범주의 모든 행동은 많

그림 3-6　보속적 웅덩이: 조심스럽게 그리고 애정 어리게 배치된 물감 얼룩

은 ASD 아동의 불안을 감소시키는 것으로 보인다. 따라서 이런 행동들이 언제 그리고 어떠할 때 괜찮은지를 아동에게 알려 주는 한편, 아동이 보다 유연하게 미술을 할 수 있도록 도와주어야 한다.

ASD 증상 6: 시공간적 결핍

작품의 특징

조각품에서의 어려움(difficulty with sculpture)   ASD 아동은 그리기 실력보다 모형 만들기(modeling) 실력이 떨어지게 마련이며, 이는 아동이 미술 활동 영역에서 무엇을 선호하는지에 영향을 미친다. 2차원 작업(평면에 그리거나 색칠하는 것)은 3차원 작업('사방에서 볼 수 있는', 즉 여러 각도/관점에서 볼 수 있는 작품을 세우거나 그러한 모형을 만드는 것)보다 다루기 쉽다는 점에서 더 선호된다. 심지어 그림들은 종종 적정 발달 연령이 지난 후에도 평면적 형태를 유지한다. 조각품에서의 어려움은 발달지연 및 촉각 방어(tactile defensiveness)와 관련이 있을 수 있다.

ASD 증상 7: 감각 문제

작품의 특징

자기자극을 위한 미술 재료 사용(use of materials for self-stimulation) 많은 ASD 아동은 손이 닿는 모든 것을 통해 끊임없이 자극을 추구하며, 이는 미술 재료를 통해서 역시 마찬가지이다. 이러한 자극 추구 행동에는 물기, 굴리기, 돌리기, 떨어뜨리기, 물 튀기기, 뜯기, 문지르기, 냄새 맡기, 누르기 등이 있다. 이에 대해서 적절한 대체 방안(마사지를 해 주거나 음료수나 움켜쥘 수 있는 콩 주머니 등을 주는 것)을 제공해 주거나, 자극 추구 행동을 일부 포함하는 적절한 미술 작업을 가르쳐 주는 것이 도움이 된다.

촉각 방어(tactile defensiveness)　ASD 치료사들이 일반적으로 사용하는 이 용어는 촉각에 대해 예민하게 반응하는 것을 말하는 것으로, 압력, 온도 및 질감에 대한 것도 포함할 수 있다. ASD 아동은 쉽게 초자극 상태(hyperstimulated)가 될 수 있으며, 때로는 젖어 있거나 미끄럽거나 부서지기 쉬운 재료와 접촉하는 것을 견디기 힘들어할 수 있다. 마른 찰흙이나 물감을 손으로 만지는 것도 불편해할 수 있다.

미술 재료의 조절에 대한 영향(art materials impact on regulation) ASD 아동은 보통 현재의 감각 상태와 비슷하거나 이를 가중시키는 미술 재료에 이끌리기 마련이다(예: 아동이 이미 과도한 자극을 받은 상태에서 질퍽하고 걸죽한 물감을 원하는 것). 이러한 아동에게 적절한 미술 재료의 사용법을 가르쳐 주는 것은 진정 및 조절을 하는 데 도움이 될 수 있다(제4장 참조).

ASD 증상 8: ASD 증상의 주기성

작품의 특징

미술 발달 수준의 변동(artistic developmental level fluctuation)　일부 ASD 증상은 많은 아동에게 그 강도가 며칠 또는 몇 주에 걸쳐 주기적으로 나타난다. 또한 질병이나 일상생활(routine)의 변화는 아동의 행동을 악화시킬 수 있다. 이러한 경우, 아동의 그림 수준은 보통 퇴행하며, 이 장에 열거된 작품의 특징들은 보다 뚜렷하게 나타날 것이다. 이러한 변동 때문에, 아동의 그리기 기술이나 능력에 대한 어떤 평가나 결론을 내리기 위해서는 적어도 여러 개의 그림 및 그리기 활동을 관찰해야 한다.

ASD 증상 9: 사회성 결핍

작품의 특징

그리기 능력에 대한 불안감 결여(lack of insecurity about drawing ability) ASD 아동은 다른 아동들의 그림을 자신의 그림과 비교하여 자신의 능력을 판단하지 않는다. 또한 어른의 지도 없이 스스로 자신의 이전 그림과 현재의 그림을 비교하여 자기 그림의 발전 여부를 검토하지도 않는다. 아동이 자기 작품에 대해 가질 만한 비판적인 태도는 완성하고자 하는 욕구 또는 순서와 체계에 대한 욕구와 관련된 것으로 보인다.

사회성 학습 또는 모방의 결여(lack of social learning or seeking models) ASD 아동은 타인의 행동을 관찰하고 자발적으로 모방하는 능력 (imitating)이 결여되어 있다. 그룹 미술(art group)과 공동 작업(joint tasks)은 초반 단계에서 사회적 상호작용을 조장 및 유도해야 한다는 점에서 어른에게도 그리고 사회적 불편감이 높고 소음, 간격, 접촉에 매우 예민한 아동에게도 매우 힘든 일일 수 있다. 그러나 아동

의 사회성 기술을 향상시키는 것은 어렵지만 그만큼 가치 있는 일
이다.

〈표 3-1〉 이 장의 요약

ASD 증상	작품의 특징
1. 비전형적인 또는 지연된 발달	• 예술 발달지연 • 비전형적인 예술 발달
2. 완성에 대한 욕구	• 쌓아올리기 • 쑤셔 넣기 • 충동적 수정/완성 • 많은 세부사항
3. 순서와 체계에 대한 욕구	• 색상 배열하기 • 색상 이름 짓기 • 목록 만들기
4. 상상력 결핍 또는 굳은/문자적 사고	• 주제 개발의 어려움 • 타인에게 자화상의 특징 강요 • 실험의 결여 • 비현실적 표현의 어려움
5. 보속성 또는 강박적-충동적 행동	• 보속적 그래픽 • 스키마 교착상태 • 보속적 웅덩이
6. 시공간적 결핍	• 조각품에서의 어려움
7. 감각 문제	• 자기자극을 위한 미술 재료 사용 • 촉각 방어 • 미술 재료의 조절에 대한 영향
8. ASD 증상의 주기성	• 예술 발달 수준의 변동
9. 사회성 결핍	• 그리기 능력에 대한 불안감 결여 • 사회성 학습 또는 모방의 결여

아동이 미술 활동에 대해 갖는 일반적인 태도는 무엇일까? 일반 아동과 마찬가지로, ASD 아동의 대부분은 미술 재료에 흥미를 보인다. 그러나 아동이 주된 관심사(텔레비전, 컴퓨터 등)에 둘러싸일 경우, 어른이 개입하지 않는 한 미술 재료에 대한 관심은 사라질 수밖에 없다. 또한 미술 활동 과정을 어른에게 혼나는 것으로 느낀다면 아동은 스트레스를 받을 수 있다. 이러한 현상은 아동이 학교 과제를 따라갈 수 없는 경우나 혹은 적절한 조정이나 구조 없이 작품을 망친 것에 대한 부모/교사의 불안감을 감지하여 초자극 상태로 급격하게 나아가는 경우에 발생할 수 있다. 일반 아동의 창의성 발달에 도움이 되는 환경(자유롭고 여러 미술 재료에 쉽게 접근 가능한 환경)은 구조와 예측이 필요하고 선택해야 하는 상황을 어려워하는 ASD 아동에게는 버거울 수 있다. 어른은 이러한 모든 요소를 고려한 후에 아동이 미술을 좋아하는지 혹은 싫어하는지를 판단해야 한다.

이 장에 열거한 내용은 '수정'되어야 하는, ASD 아동이 하는 '나쁜' 행동이 절대 아니다. 이 장은 단지 행동들을 설명한 것일 뿐, 그에 대한 가치 판단을 내리고 있는 것이 아니다. 이 장에서 설명한 작품의 특징들이 단지 ASD와 연관되어 있다는 이유만으로 피하거나 나쁘게 봐야 하는 것은 아니다. 물론 ASD 아동의 작품을 '순수한 표현(pure expression)'이나 미처 다루지 못한 채 남아 있는 영역으로 보호해야 한다는 것도 아니다. 자유로운(즉, 지원 없이 이루어진) 미술 표현(art expression)은 결코 아동의 삶의 질(quality of life)보다 중요하지 않다. 색상 이름 짓기, 목록 만들기, 많은 세부사항과 같은 몇 가지 특징은 훌륭한 미술 작품을 이끌어 낼 수 있는 것인 반면, 조각품에서의 어려움이나 자기자극을 위한 미술 재료 사용과 같은 다른 특성들은 변경 또는 개선되어야 할 행동으로 다뤄져야 한다. 우리는 아동이 스스로 삶을 향상시키도록 하기 위해 미술을 사용하는 방법을 배울 수 있게끔 도와주어야 하겠지만, ASD 아동이 삶을 향상시키지는 않아도 자연스럽게 미술 재료를 활용하도록 하는 방법도 많다. 아동이 자신의 증상을 뛰어넘어 스스로를 표현할 수 있게 돕는 동시에 아동의 자연적인 성향을 보완할 수 있게끔 아동의 활동에 개입하고 아동과 타협해야 한다.

예술적 재능 혹은 ASD 증상?: 예술적 서번트

저자는 ASD에 대해 상세히 알게 되기 전에 이미 ASD를 가진 사람들이 미술을 할 수 있다는 사실을 알고 있었다. 심리학자인 Bernard Rimland는 많은 사람에게 그랬던 것처럼 저자의 가족에게 영웅 같은 사람이었다. 저자의 어머니는 Rimland 박사의 아들인 Mark의 그림이 담긴 엽서를 구입하곤 하셨는데, Mark는 ASD를 가진 유명한 화가였다. 이 책은 소수에 해당하는 예술적 서번트(artistic savant)가 아닌 나머지 ASD 아동에 관해 기술하고 있다. 하지만 예술적 서번트의 재능은 이 장에서 다룬 그림 특징들과 관련되어 있는 것으로, 중요한 주제이기도 하다.

서번트(savant)는 하나의 분야에서는 비상한 기능을 가지고 있지만, 이와 대조적으로 나머지 분야에서는 기능이 많이 떨어지는 사람을 말한다. 베토벤의 5번 교향곡을 딱 한 번만 듣고도 완벽하

게 연주할 수 있지만 혼자서는 목욕도 제대로 하지 못하는 사람이
그 예이다. 보통 장애라고 하는 것은 ASD, 정신지체, 실명, 정신분
열증 같은 것을 말하는데, 만약 이들에게 이러한 장애가 없으면 그
사람은 그냥 '천재(genius)'라고 불릴 것이다. Darold Treffert(1989)
가 그의 책『서번트신드롬(Extraordinary People)』에서 말한 것처럼,
ASD를 가진 사람들이 모두 서번트인 것은 아니며, 서번트들이 모
두 ASD를 가지고 있는 것도 아니다. ASD는 흔치 않은 것인데, 이
러한 ASD 범주 내에서 서번트적 능력이 있는 것 역시 흔치 않으며,
여러 일반적인 재능(달력 계산, 음악 능력, 암기 등) 가운데 미술 활동
에서의 재능 역시 드문 것이다. 결국 ASD에 속하는 예술적 서번트
는 진정으로 드문 사례에 해당하는 사람이다.

   Treffert는 재능 있는 서번트(talented savant)와 천재적 서번트
(prodigious savant)라는 두 가지 유형의 서번트에 대해 설명하고 있
다. 재능 있는 서번트는 보다 흔히 볼 수 있는 경우로, 아트 스튜디
오에서 예술 활동을 하면서 작품을 전시하는 사람들이 그 예이다.
반면, 천재적 서번트는 일반인이 보통 갖고 있지 않은 특이한 재능
을 가진 사람이다. 예를 들어, Steven Wiltshire라는 화가는 헬리콥
터를 한 번 타고 로마 상공을 돌고 난 후, 하늘에서 내려다본 로마의
그림을 매우 상세하게(심지어 성 베드로 대성당의 기둥 개수까지 정확
하게), 오직 자신의 기억에만 의존하여 그려냈다.

   예술적 서번트의 재능이 장애와 관련이 없는 것인지, 아니면 장
애 때문에 발현되는 것인지에 대해서는 논란이 있다. 즉, 사람의 뇌
가 '독립된 정보처리 영역들(islands of intelligence)'로 구성되어 음악
이나 미술 관련 기능이 일반적인 지능과 독립적으로 작동하는지,

아니면 장애 특성(예: 흥미를 가지는 대상이 적은 것, 과민성 등)으로 인해 아동의 능력이 한두 가지 기술 분야로 집중되는지에 대해서는 의견이 분분하다. ASD를 가진 예술적 서번트의 경우, ASD의 특성(예: 보속성 또는 강박적–충동적 특성, 체계에 대한 욕구, 고충실도 주의, 또는 Temple Grandin이 말한 것처럼 '사진으로 혹은 시각적으로 사고하는 특성') 자체가 확대·강화되거나 생산적인 활동으로 표출되는 것으로 보인다.

　예술적 서번트는 출중한 시각적 기억력 및 손재주를 가지고 있지만, 예술적 서번트라고 해서 창의성, 추상적인 사고, 또는 감정적인 표현을 가지고 있는 것은 아니다. ASD가 있지만 서번트가 아닌 사람들과 마찬가지로, 서번트 역시 상상력, 감정 및 자기표현 능력이 결여되어 있다. 그림이나 조각 기술이 훌륭하다 해도 마찬가지이다. 이러한 이유로, 아동에게 타인의 그림을 따라 그리게 하는 것은 바람직한 것이 아니라 할 수 있다. 잘 그리는 사람이라 해서 반드시 상상력이 있는 것은 아니며, 상상력이 있는 사람이라 해서 항상 그림을 잘 그리는 것은 아니다. 다음 장은 치료적 미술 작업과 관련하여 여섯 개의 이상적인 치료 목표를 논하고 있다. 하지만 이러한 목표들이 예술적 서번트로서의 재능을 가진 아동에게도 여전히 이상적일 수 있을까? 다시 말해, 예술적 서번트에게 미술치료를 받게 하는 것은 좋은 것일까, 아니면 나쁜 것일까? 사람들은 ASD 아동이 예술적 재능을 가진 경우, 그들에게 과연 미술치료가 필요한 것인지(왜냐하면 이러한 아동은 미술치료를 받기 전에 이미 그리기를 매우 잘하기 때문이다) 혹은 오히려 중재나 개입으로 아동이 귀중한 재능을 잃어버리지는 않을지에 대해 걱정하곤 한다.

이와 같은 걱정은 사실 불필요하다. 미술치료의 목표는 그림에 특별한 소질이 없는 아동을 피카소로 만드는 것도 아니고, ASD를 가진 사람의 독특한 그리기 스타일을 바로잡는 것도 아니다. 미술 치료는 아동의 관심을 유발하여 아동이 자신에게 부족한 영역에 대해 연습하고 노력하게끔 하는 환경을 제공하는 보조 수단이다. 이처럼 미술치료는 근본적으로 아동의 '장점'에 초점을 맞추는 교육적인 방법으로, 예술적 서번트에게 매우 잠재력이 큰 치료법일 수 있다.

이 책은 응용행동분석(Applied Behavioral Analysis: ABA) 전문가들과의 업무 경험을 통해 고찰된 행동 개입 방안을 기재하고 있다. 어떤 사람들은 개입이 창의성 개발과 상충하는 것이 아닐까 하는 의문을 제기한다. 하지만 미술 활동에 몇 가지 행동 수정 기법 (behavioral techniques)을 가미하는 것은 매우 효과적일 수 있다. 적절한 행동 수정 기법의 적용 없이는 심리 탈진(meltdown) 상태에 있는 아동으로 하여금 미술 활동을 하게 하기는 어렵기 때문이다.

행동 조절(behavior management) 내지 증상 완화가 예술적 서번트의 재능을 망칠 것이라 우려하는 사람은 보통 Nadia라는 유명한 예술적 서번트의 사례를 떠올릴 것이다. Nadia는 젊은 예술적 서번트였지만 치료 과정과 비극적인 가족사를 겪는 한편 나이를 먹으면서 그녀의 특출난 그리기 기술을 잃어버렸다(Henley, 1989). 반면에, 재능의 손상이 전혀 없이도 전반적인 기능과 행동을 개선할 수 있었던 예술적 서번트의 사례는 매우 많다. Nadia의 사례는 종종 미술 활동과 행동치료가 양립할 수 없다는 그릇된 생각을 불러일으킨다. 그러나 행동 개입은 아동의 미술 작품의 수준을 향상

시키며, 역으로 미술 활동이 때때로 아동의 행동을 개선할 수 있기
도 하다.

　예술의 세계에서 특이하다는 것은 좋은 것이다. ASD를 가진 예술
적 서번트가 만든 '정확한' '기발한' '강렬한' 또는 '원시적인(primitive)'
것이라 평가받는 작품은 '아웃사이더(outsider)' 아트 시장에서 수
요가 많다. (아웃사이더 아트는 정규 미술교육을 거의 혹은 전혀 받지
않은, 때로는 신경발달장애 또는 정신질환이 있는 비전문가가 만든 작
품을 말한다.) 이러한 작품에서 보이는 자의식의 결여(lack of self-
consciousness)와 신선함(freshness)은 매우 매력적이다. ASD를 가
진 사람은 타인이 자신이나 자신의 작품에 대해 어떻게 생각하
는지에 대해 전혀 개의치 않기 때문에 그들의 미술 작품은 고유
한 아름다움을 갖는다. 예술적 서번트는 ASD로 인한 완고함 때문
에 타인으로부터 무언가를 배울 수 없는 경우가 많으며, 결국 혼자
서 자신만의 미학을 개발하곤 한다. (예술적 서번트의 예술은 Rhoda
Kellogg가 말한 '가능한 한 어른의 교정 없이 아동이 예술을 개발하도록
내버려 두게 하는 원리'의 이상형에 아마도 가장 근접한 것일 것이다.) 예
술가와 그의 작품은 서로 분리할 수 없는 관계에 있다. 예술적 서번
트의 작품의 예술성은 본질적으로(높은 세부사항이든 목록 만들기든
간에) 그들 자신의 ASD 증상과 결부되어 있으며, 이로 인해 예술적
서번트의 작품은 더욱 높은 가치를 갖는다. 요컨대, 예술적 서번트
든 아니든 관계없이 아동의 독특한 화풍을 유지한 채 아동의 여섯
가지 결핍 영역을 해결할 수 있다. 여섯 가지 결핍 영역에 관해서는
다음 장에서 살펴보겠다.

Chapter **4**

왜 미술 프로젝트가 유익한가

미술은 시각적이면서도 재미있는 배움을 제공할 수 있다는 점에서 ASD 아동에게 효과가 있다. 재미있는 미술 프로젝트는 아동의 관심을 사로잡을 것이다. 그 과정에서 어른은 아동이 관련된 치료 목표 분야에서 발전할 수 있도록 미술 프로젝트를 설계해야 한다. ASD 아동에 대해 미술을 이용하여 추구할 수 있는 여섯 가지 목표로는 다음과 같은 것들을 생각해 볼 수 있다.

① 상상/추상적 사고
② 감각 조절 및 통합
③ 감정/자기표현
④ 발달적 성장
⑤ 시공간적 기술
⑥ 레크리에이션/여가 기술

그림 4-1 아동이 미술을 이용해 자기조절 방법을 배우는 것을 돕기 위해 제작된 시각적 보조 자료

ASD 아동은 모두 이들 영역 중 적어도 하나 이상에서 결핍을 갖고 있다. 치료 대상 아동에게 가장 필요한 목표가 무엇인지를 생각

해 보면서 이 장을 읽을 것을 권한다. 이 장은 목표(결핍 영역 또는 장기적인 목표)와 그러한 장기적인 목표를 달성하도록 고안된 전문 미술 프로젝트를 서로 짝지어 정리하고 있다. 여기 정리되어 있는 프로젝트를 적용하는 것도 중요하겠지만, 다른 새로운 프로젝트를 추가하는 것도 얼마든지 가능하며, 특정 아동에 대해 새로운 프로젝트를 고안해 보는 것도 좋은 방법이다.

이 장에 정리된 프로젝트 중 일부는 취학 연령 아동을 대상으로 한 것으로, 조기개입 연령대의 아동에게는 너무 난이도가 높을 수 있다. (가령, 만 5세 미만의 아동은 주로 감각 조절 및 통합 영역에 대한 프로젝트가 필요하다.) 하지만 이 장에 정리된 프로젝트들을 살펴보는 것은 보다 큰 그림을 그리는 데 그리고 현재 어떤 방향으로 나아가고 있는지를 확인하는 데 도움이 될 것이다. 또한 아동이 속한 ASD(아동의 '기능 수준')에 따라, 이 장에 정리된 목표 및 프로젝트들 중 일부는 나머지에 비해 보다 적절한 것일 수 있다. '미술 활동 도구(Tools of the Trade)'라는 제목의 다음 장은 이 장과 연관된 것으로서 미술 재료에 대해 설명하고 있다.

상상/추상적 사고

목표: 연령대별로 적합한 상상 및 추상적인 사고 능력을 보이기

상상은 모든 ASD 아동의 결핍 영역에 해당하는 것으로, 전통적인 관점에서의 장애 3요소(상상, 의사소통 및 사회화) 중 하나이다.

상상은 창의성과 거의 같은 의미를 가지며, 창의성은 보통 상상의 물리적 표현으로 설명된다. 상상과 창의성은 유연성과 추상적 사고라는, ASD 아동이 어려움을 느끼는 두 가지 능력을 내포한다. 미술 재료를 창의적으로 사용한다는 것은 정답이 없는 문제의 해결책을 찾는 것을 뜻하며, 상상력이 있다는 것은 외부로부터의 큰 도움 없이도 아이디어(가능하면 독특한 아이디어)를 생각해 내는 것을 뜻한다. 몇몇 사람은 상상력이 매우 풍부한 ASD 아동을 알고 있다고 이야기할 것이다. 이러한 아동이 많은 것은 사실이다. 하지만 주의해야 할 것은 보속적 관심이나 기술을 상상과 착각해서는 안 된다는 것이다. ASD 아동 중 창의력이 많은 아동이 성공적으로 자신을 표현하기 위해서 필요한 것은 올바른 개입뿐이다. 미술 활동의 도구(미술 재료)가 모두 시각적이고 구체적이라는 점에서 ASD 아동에게 미술 활동은 상상 및 추상적 사고를 개발하는 데 유용하다. 미술은 마음속 그림을 그대로 그리고 비유적으로 보여 주는 유용한 '그림판'이기 때문이다.

전문화된 미술 프로젝트

창작 과정

창작 과정을 학습하고 활용하는 것은 미술 활동에 있어 효용 범위가 매우 넓다. 창작 과정의 단계는 다음과 같다.

① 자신의 감정 및 생각을 알아보기
② 이를 표현할 수 있는 여러 방법을 브레인스토밍하기

③ 서로 다른 방식과 재료로 실험해 보기

④ 프로젝트를 통해 문제 해결하기

⑤ 최종 창작품 감상하기

⑥ 작품이 어떤 것에 대한 것인지 설명하기

쉽게 말하자면 아이디어를 떠올리고 표현해 보라는 뜻이다. 아동이 앞서 나온 단계들을 수행하도록 하면서 "그것을 시도해 보렴." "그것에 대해 생각해 보렴." "그것에 대해 얘기해 주렴."과 같은 아동의 연령에 보다 적절한 코멘트를 줄 수 있다. 창작 과정은 새로운(즉, 불안을 유발하는) 프로젝트와 아이디어를 만드는 데 사용되기 때문에 명확하고 예측 가능한 단계를 적용하면 아동을 안심시키고 아동이 좌절감으로 인해 감정적으로 폭발할 가능성을 줄일 수 있다.

비현실적 연출

Craig와 동료들(2001)은 현실에 존재하지 않는(즉, '비현실적인') 무언가를 그리는 것을 어려워하는 ASD 아동에게서 구체적인 상상력 결핍을 확인하기 위해 그리기 작업을 사용했다. 그 결과, ASD 진단을 받은 아동과 정신 연령이 일치하는 ASD 진단을 받지 않은 발달지연 아동의 경우 해당 영역에서의 결핍이 없다는 흥미로운 사실이 확인되었다. 또한 아스퍼거(Asperger, 고기능) 아동은 저기능 아동보다 상상력 작업에서 덜 손상된 모습을 보여 주었으나 자발적으로 자연스럽게 그림을 그리게 했을 때 손상의 정도가 증가했다. 상상 속의 동물, 변형, 환상 속의 이야기 등을

만들어 보는 프로젝트는 정신적 유연성을 익히기 위한 좋은 방법
이다.

시각적인 상징과 은유

상징은 어떤 것이 다른 무언가를 대신 나타내는 경우를 말한다.
예를 들어, 초록색이 '통행 가능'을 의미하는 경우와 같이 있는 그
대로의 것이 아닌 상상 속의 관계를 뜻하는 상징은 두 개의 대상 사
이의 유사성을 암시하는 데 사용된다[예: "TV가 (강아지처럼) 짖는
다."]. 미술을 이용해 은유를 시각적으로 표현하고, 아동이 은유의
의미와 기능을 이해하도록 돕는다. 아동의 연령이 높아지면 시각
적 은유가 때로는 여러 의미를 가질 수 있다는 점을 이해할 수 있게
한다. 프로젝트는 아동이 개인적인 상징을 만들어 자신의 관심을
표현하게 하거나 이미지를 이용해 자신의 감정을 은유적으로 표현
하게 하는 것(예: 내 분노는 호랑이다 등)을 포함할 수 있다. 추상적
사고 능력을 개발하도록 하는 과정에서 아동이 혼란을 겪지 않도
록 각별히 주의해야 한다.

상징 놀이

적절히 수행되는 경우, 상징 놀이는 추상적(abstract) 사고 및 구
상적(representational) 사고를 포함한다. 아동의 연령이 낮은 경우,
상징 놀이는 보통 인형, 자동차 등의 물체를 움직이면서 그에 대
한 이야기를 하게 하는 것을 의미한다. 상징 놀이 가운데 몇 가지
유형은 서로 구별될 수 있다. 예를 들어, 창의적 상징 놀이(creative
symbolic play)는 미술 공예를 사용하여 인형과 같은 제품을 만들어

움직이게 하는 것을 말하는 데 비해, 흔히 가상 놀이(pretend play)
라고도 하는 극적 상징 놀이(dramatic symbolic play)는 어떤 사람이
나 인물을 연기하거나 흉내 내는 것(예: '가게 놀이' 또는 고양이 흉내
내기 등)을 말한다. 상징 놀이 행동을 가르칠 때는 아동이 좋아하는
주제와 재료, 놀이 시간의 길이를 기록하는 것이 좋다(보통 놀이 시
간의 길이를 늘리는 것이 목표가 된다). 이와 더불어, '전혀 독립적이
지 않음'부터 '완전히 독립적'까지의 연속적인 범위 내에서 아동의
행동이 어느 지점에 위치하는지 평가하는 것이 좋다. 상징 놀이 행
동을 가르치는 과정에서 어른은 스스로에게 다음과 같은 질문을

그림 4-2 창의적 상징 놀이: 세 살 소년과 함께 한 '생일 파티' 놀이이다(왼쪽
에서부터 순서대로, 컵, 양초가 꽂힌 컵케이크, 양초가 꽂힌 케이크 그리고 아이
스크림 콘). ASD 아동은 실제 생일 파티를 불편해할 수 있으므로 실제 파티에서
어떻게 행동해야 하는지에 대해 연습해 보게 하는 것이 좋다.

던져 보는 것도 좋다.

- 아동이 어른을 무시했는가?
- 아동이 조용히 관찰했는가?
- 아동이 어른의 행동을 흉내 냈는가?
- 아동이 상호작용 과정에서 적절하게 반응했는가?
- 아동이 제시받은 사항을 더욱 정교하게 만들었는가?
- 아동이 스스로 아이디어를 떠올렸는가?

추상적 표현

추상적 표현이란 색(color), 구성(composition), 스케일(scale), 배치(placement), 선(line) 등의 미술 요소를 사용하여 구상적(具象的, figurative)이지 않거나 식별 가능한 요소를 포함하지 않은 재미있는 작품을 만드는 것, 다시 말해 추상적인 작품을 만드는 것을 의미한다. 일반 아동의 경우, 추상적 표현은 미적 기호를 개발하는 과정의 자연스러운 일부분에 해당된다(흔히 어른에게는 '낙서'로 보이기도 한다). 하지만 ASD 아동은 종종 추상적 표현을 어려워한다. 다음 단계에서 아동이 추상적 요소별로 연관된 사항을 지정하게 할 수 있다(예: 파란색은 차가운 것을 의미한다, 들쭉날쭉한 선은 좌절을 의미한다 등).

타인의 관점에서 바라보기

아동이 타인의 관점을 이해할 수 있게 하려면, 미술 활동을 하는 아동 옆에서 다른 아동이나 어른이 함께 미술 활동을 해야 한다. 아동은 어른이 만드는 것을 보고 즐거워할 것이다. 뿐만 아니라 타인의 그림을 보는 것은 그 타인의 관점에 대한 설명을 듣는 것과 유사하다. ASD 아동은 자신의 기호에 맞게끔 어른이 그린 그림을 고치거나 바꾸려 들 수 있다. 하지만 이 경우 단호하게, 다른 사람이 ASD 아동의 작품을 존중하는 것처럼 그 아동도 다른 사람의 작품을 존중해야 한다고 말하고, 가능한 한 모든 적절한 때에, 마음 이론이 결핍된 아동과 함께 미술 활동을 하면서 당신이 무슨 생각을 하는지 아동이 알 수 있게 돕는다.

모호한 그림

모호한 행동이나 이야기를 묘사하는 그림이나 사진은 이야기 만들어 내기나 상상하기를 자극하는 훌륭한 도구이다. 어른이 그림을 먼저 그리고 난 다음, 아동이 거기에 일부 그림을 추가하거나 다음 장면을 새로 그릴 수 있게 해 준다. 아동과 어른이 함께 그릴 수 있는 낙서 같은 모호한 그림은 아동이 이미지를 상상할 수 있도록 돕는 데 효과적이다. 이는 마치 구름 속에서 그림을 찾는 것과 같은 느낌일 것이다.

감각 조절 및 통합

목표: 자신의 신체를 조절하고 감각 경험을 통합할 수 있는
　　　능력을 향상시키기

ASD 아동은 종종 감각 입력을 적절히 걸러 내는 능력이 부족한

탓에 과도한(hyper) 또는 과소한(hypo) 자극을 경험한다. 이 경우 아동을 진정시키거나 활발해지도록 하기 위해서 어른의 도움이 필요한 경우가 많다. 미술을 통해 아동이 자신의 신체를 조절할 수 있게 도와주는 것은 까다로울 수 있다. 아동은 대체로 현재의 감각 상태를 진정시키는 재료보다는 현재의 감각 상태와 일치하는 재료에 이끌린다. 하지만 아동이 그러한 선택을 하도록 지나치게 허용하는 것은 불에 기름을 끼얹는 것과 비슷한 것으로, 조절이 안 되는

〈표 4-1〉 Lusebrink의 2차원 작품을 위한 부드러운 것부터 단단한 것까지의 연속적인 범위의 미술 재료 목록 (ASD 아동용으로 수정됨)	〈표 4-2〉 Lusebrink의 3차원 작품을 위한 부드러운 것부터 단단한 것까지의 연속적인 범위의 미술 재료 목록 (ASD 아동용으로 수정됨)
단단한 펜이나 볼펜	**단단한** 돌
샤프연필	목재
색연필	스티로폼
흑연 연필	오븐 베이킹 점토(Sculpey)
크레용(왁스)	플라스티신(Plasticine) 점토 (어린이 공작용)
수채화 크레용	실리퍼티(Silly putty)
목탄 연필	공기 건조 점토(Plastic Roc)
분필	공기 건조 점토(Model Magic)
목탄 스틱	플레이도(Playdoh)
파스텔 분필	천연 점토
오일 파스텔	밀가루 기반 점토
사인펜	종이반죽(Papier mâché)
페인트 마커	**부드러운** 면도용 크림
수채화 물감	
아크릴 페인트	
템페라 페인트	
부드러운 핑거 페인트	

아동의 상태를 악화시키는 것이다. 어른은 매번 다른 재료를 이용하여 아동이 어떻게 반응하는지 조심스럽게 테스트해 본 다음, 특정 재료를 언제 어떻게 사용하는지에 대해 가르쳐 주어야 한다. 이러한 상호작용에는 미술치료사인 Vija Lusebrink의 『치료상의 형상과 시각적 표현(Imagery and Visual Expression in Therapy)』(1990)에 제시된 내용이 도움이 될 수 있다. Lusenbrink는 미술 재료들을 부드러운(혹은 젖은) 것부터 단단한(혹은 딱딱한) 것까지의 연속적인 범위 내에서 분류하고(〈표 4-1〉과 〈표 4-2〉 참조), 미술 재료들에 대한 여러 가지 감각 경험이 사람의 증상과 상호작용하며 작품의 내용에도 영향을 미친다고 주장했다. Lusebrink가 이 이론을 ASD 범주의 사람을 위해 특별히 만든 것은 아니지만, ASD 아동에게도 유용하게 적용할 수 있다. 감각 통합은 폭넓게 사용되는 용어로, 신체와 정신 사이의 연결을 강화시키고 감각 경험에 대한 방어 또는 회피 행동을 줄이기 위한 모든 활동을 말한다.

전문화된 미술 프로젝트

감각 조절 향상을 위한 개별화된 프로젝트

어떤 재료가 아동을 진정시키고 아동이 최고의 작품을 만드는 데 도움이 되는지는 사례별로 서로 다르다. 물감의 농도가 이미 조절이 안 되고 있는 아동을 더욱 자극하는가? 점토의 강렬한 촉각 경험으로 아동이 점토를 제대로 사용하지 못하는가? 아동이 덜 젖은 또는 지저분한 점토를 만질 때 효과를 보는가, 아니면 그 대신 도구나 붓을 들고 그러한 점토와 일정 거리를 유지할 때 효과를 보는가? 아동과 실험해 보고 타협해 보라. 아동이 혼자서 선택할 수 있도록 도와주고, 필요한 경우 시각적 보조 재료를 함께 이용해 보라(제6장 참조). ASD 아동은 종종 미술 용품을 사용하는 과정에서 얻는 운동 감각적(kinesthetic) 즐거움에 도취된 나머지 구상적인 미술 작업으로 옮겨 가는 데 시간이 지체될 수 있다. 낙서(scribbling)나 운동 능력에 관한 연습(motor exercises)을 하고 있는 것이 아니라면, 아동의 조절 능력을 향상시키고자 할 때 무질서한 낙서를 피하고 아동에게 미술 작업에서 어느 정도 수준의 절제를 요구하는 것을 추천한다.

몸 전체를 미술 활동에 통합하여 사용하기

ASD 범주 밖의 신경전형적인 일반 아동은 몸 따라 그리기(body tracing), 보디 페인팅(body painting), 마스크 만들기(mask making), 의상(costume) 만들어 입기나 사람 크기의 인형 옷(body puppets) 만들어 입기를 매우 재미있어 한다. 하지만 아동의 신체적 및 감각적 경계선상에 놓이는 부담 때문에 ASD 아동이 그런 활동을 통해 좋은 경험을 얻도록 하기 위해서는 많은 지원, 격려 그리고 체계가 필요하다. 앞서 제시한 활동이 아동의 치료 목표(감각 조절/통합 혹은 상상/추상적 사고)와 관련이 있다면, 아동이 이러한 활동을 하도록 이끄는 과정에서 인내심을 가지고 아동에게 많은 심리적 강화(reinforcement)를 주는 것, 즉 자극과 반응 관계를 강하게 하는 것이 필요하다.

미술 재료의 탐색을 증진시키고 감각 방어 감소시키기

이는 보통 미술 활동 과정에서 부수적으로 이루어지는 것들이지만, 저기능 아동의 경우 의도적으로 수행되어야 할 수도 있다. 다양한 질감, (여러 재료에 가해진) 압력, 냄새 및 소리를 아동이 경험하도록 하라. 미술 재료들은 냄새를 가지고 있으며 소리를 낸다는 점을 기억하라. 맛을 보는 것은 일반적으로 좋은 습관이 아니므로 맛을 보고자 하는 욕구가 다른 방식을 통해 충족되게 하라. 거의 모든 ASD 치료사들은 촉각 방어를 이야기하지만, 미술 활동의 경우 재료 자체가 아닌 작품에 초점이 맞춰져야 한다.

감정/자기표현

목표: 미술을 이용하여 생각과 감정을 외부로 표출하고
　　　처리하기

ASD 아동의 입장을 이해하는 것은 쉽지 않다. ASD 증상은 일상생활에서 겪는 갈등을 악화시킨다. 미술 활동은 ASD 증상을 보이는 아동이 자신의 감정을 정확하게 인지하고 처리하는 것을 돕는데 매우 유용하다. ASD 아동에게 미술치료 프로젝트는 매우 시각적이고 구체적인 포맷을 제공한다. 아동의 사회성 결핍과 관련하여, 전통적인 개념에서의 미술치료의 '삼각형'(아동, 미술 및 치료사 간의 삼각관계)에서 미술은 아동과 치료사 간의 상호작용을 부드럽게 하고 촉진시키는 역할을 수행한다. 이러한 관점에서 미술치료사

David Henley(1992)는 미술을 '완충제(buffering agent)'라고 설명했으며, ASD 아동의 경우 미술이 이들에게 **구체적인 전달자**(concrete conduit)라고도 할 수 있다 하였다. 한편, 근래의 연구 결과에 따르면 ASD 아동은 사람의 얼굴(face)보다는 미술 작품(object)을 더 쉽게 처리한다고 하며, ASD를 가진 사람들의 증언 역시 이를 뒷받침한다. 따라서 이론적으로 미술 작품은 어른의 말보다 더 유용할 수 있다. 미술 작품은 시간이 지나도 아동이 기억을 하고 학습을 강화하기 위해 떠올리는 대상으로서의 기능을 수행한다.

치료 목표를 달성하기 위한 미술 프로젝트는 그 자체로 강력한 도구인 아동과 치료사 간의 독특한 '치료 관계'를 통해 결정된다. 이 관계에서 치료사는 받아들이되 잘못된 행동을 눈감아 주지 않아야 하고, 돌봐 주되 업신여기지 않아야 하며, 주의를 환기시키되 무리한 요구를 하지 않아야 한다. 미술치료사는 이에 더하여 아동의 작품을 주의 깊게 관찰하며 지원해야 한다. 부모와 교사도 아동과 이러한 유대감을 형성할 수 있다. 미술 활동은 무언가를 구체적으로 보여 주는 것(예: 의식적으로 사건이나 감정을 묘사하는 것)일 수도 있고 무언가를 떠올리게 하는 것(예: 어른과 아동이 아동의 작품에서 되풀이되는 주제를 알아차리는 것)이 될 수도 있음을 염두에 두어야 한다. 어떤 주제든지 미술 프로젝트로 만들어질 수 있다. 대개 좋은 관계라 함은 가능할 때마다 아동이 주도하게 한 후 가르침이 필요한 순간을 기다렸다가 그 자리에서 프로젝트를 제시하는 것을 의미한다. 다른 치료 목표에서와 마찬가지로 어른도 아동 옆에서 함께 미술 작품을 만드는 것이 중요하다. 이는 특히 감정/자기표현과 관련해서는 피드백을 주거나 학습을 종합적으로 다루거나 요약하기 위한 목적으로도 사용될 수 있다. 주제나 프로젝트의 단순한 혹은 복잡한 정도는 아동의 정신연령과 능력에 따라 결정하는 것이 좋다.

전문화된 미술 프로젝트

아동으로부터 발생하는 이슈를 다루는 모든 미술 프로젝트

통상적인 이슈로는 스트레스 감소, 애착 문제(attachment issue), 감정을 확인하고 활동/경험과 연관시키기, 관계 기술 개발하기, 가족/형제/또래 관계, 입학 또는 사춘기 등의 변화, 불안감, 우울증, 또래 괴롭힘(bullying), '나쁜' 또는 부정적인 감정의 안전한 표현(safe expression), 장애를 이해하고 받아들이기, 자아존중감(self-esteem), 자기인식(self-awareness), 증상의 자기관리(self-management of symptoms) 등이 있다. 이러한 이슈 중 일부는 아스퍼거 내지는 고기능 아동과 밀접한 관련이 있다. 조기개입 연령대의 아동은 치료를 통해 감정에 대한 기초적인 '어휘'와 감정의 그리기/표현 방법을 발달시킬 수 있으며, 나이가 좀 더 듦에 따라 감정을 실생활에서의 경험과 연결시킬 수 있다.

발달적 성장

목표: 연령에 맞는 그리기 능력, 소근육 운동 기능, 전체적인
미술 발달 및 미술을 이용하여 다룰 수 있는 모든 연관된
결핍 영역을 표시하기

이 범주는 매우 포괄적이며, 미술적 발달 성장(artistic develop-
mental growth) 및 미술 프로젝트를 이용하여 다룰 수 있는 모든 발
달 관련 목표를 포함한다.

전문화된 미술 프로젝트

소근육 운동 숙련도

어떤 미술 프로젝트든 이 목표를 달성할 수 있다. 주요 운동 근육
활동에 따라 프로젝트를 선택하라(예: 콜라주=가위 사용하기, 구슬
장식=손가락으로 꽉 쥐기, 점토 도구=자르기, 썰기 등). 그리고 계속해
서 연습하게 하라. 필요한 운동 근육 활동을 넘어 아동이 미술 프로
젝트에 집중하게 하는 것은 아동이 받는 스트레스를 줄일 수 있다.

시각적 배열

순서에 따라 배열된 그림들(한 번에 동작의 한 '프레임'을 그린 것)
은 실제 상황을 잘게 나누어 분석하거나 다시 이야기하는 것을 용
이하게 할 수 있다. 만화책의 형태는 좋은 시각적 구조를 갖는다.
Carol Gray의 『만화를 이용한 대화놀이(Comic Strip Conversations)』

그림 4-3 시각적 배열: 연재 만화를 만들어 실생활에서의 사건들의 순서와 과
정을 이해할 수 있도록 도와주기

(1994)는 ASD 범주의 사람들을 위해 특별히 제작된 것으로, 생각
풍선과 말풍선을 사용하여 사람들이 사회적 상호작용을 하는 동안
무슨 생각을 하는지 '보여 준다'.

구상적인 그리기 능력을 개발하거나 향상시키기

나이에 맞는 그림을 그리는 것이 목표인 경우, 미술 발달 이론 (제2장 참조)을 이해하는 것은 아동이 그들의 나이에 (대략) 있어야 할 수준과 비교하여 아동이 현재 어디에 위치하고 있는지를 판단 하는 데 필요하다. 유감스럽게도, 발달장애 분야에서 '연령에 맞 는' 작품이란 것은 치료사와 교사가 실제 성장 없이 아동의 작품이 나이에 보다 적절하게 **보이게끔** 미술 프로젝트를 고안하는 것과 관 련이 있는 경우가 많다. 중요한 학습 기간을 건너뛰거나 서둘러 끝 내는 일 없이, 인내심을 갖고 아동이 발달 과정을 밟을 수 있게 도 우라. 제2장의 '낙서에서 나아가는 방법' 부분에 소개한 여러 방법 이 도움이 될 것이며, 이는 아동이 이미 낙서 단계를 지났지만 여 전히 나이에 비해 지체되어 있는 경우에도 마찬가지이다.

얼굴 인식 및 자기인식

초상화의 경우, 자화상을 그리면 자기인식을 배울 수 있으며, 타인 을 그리면 타인의 얼굴과 상호작용함과 동시에 이를 인식할 수 있다. 나아가 자화상 그리기는 관계, 자신과 타인을 분리하여 이해하는 것 그리고 개인 공간을 배울 수 있는 좋은 방법이다(Martin, 2008).

시각 기억

아동이 그림일기 또는 공책에 사건에 대한 그림을 그리는 방식 으로 사건을 기록하게 하여 아동의 장기 및 단기 기억력을 향상시 킬 수 있다.

사회화 및 관계

미술을 이용하여 나누어 주기(예: 선물 주기), 축하하기(예: 휴일이나 계절별 또는 민족별 전통을 축하하기), 또는 단순히 '특별하게 만들기(make special)'를 실행해 보라(Dissanayake, 1995). (어른이나 친구와 함께 작업하는) 공동 작업을 통해 아동은 사회성 관련 기술이나 순서 지키기 등을 배울 수 있다. 가족 그림이나 초상화 그리기 등의 프로젝트는 관계를 묘사 또는 축하하는 데 사용될 수 있다. Social Stories™를 이용할 경우 그림을 함께 사용하면 더욱 효과가 좋다. Social Stories™는 ASD를 가진 사람들의 사회적 상황 이해를 돕기 위해 Carol Gray와 Abbie Leigh White(2002)가 개발한 특정한 글쓰기 방식이다. 부록 A를 참조하면 특정한 사회적 상황 내에서 사용하도록 계획된 미술 프로젝트를 찾을 수 있다.

메타표현

ASD 아동과 함께 일하는 전문가라면 이 책을 읽으며 중요한 치료 목표 중 하나로 의사소통이 포함되지 않았다는 걸 알아차렸을 것이다. 의사소통의 어려움은 ASD를 가진 이들의 주요 결핍 중 하나로 가장 걱정되는 영역이지만, 미술은 단순한 단어 연결을 뛰어넘는 복잡한 자기표현(self-expression)과 메타표현(meta representation)을 가장 가능하게 하는 것 같다. 의사소통은 즉각적이고 실용적인 방법으로 다른 사람과 소통하고 상호작용하는 것을 의미한다. 따라서 그림은 단어(말)의 대처 수단으로서는 비효율적이다. 수화, 그림 카드, 그리고 의사소통 장치(제6장에 요약됨)는 말하기, 글쓰기 등 의사소통 기능 발달에 제한이 있는 아동을 위한 일반적이고 유용한 '플랜 B'이다. 만약, ASD 아동이 그림을 사용하여 (예: 목마를 때 컵 그림을 이용) 구어적 의사소통을 대처하려 한다면 이는 의미 있는 좋은 수단이다. 때로는 한 장의 그림이 열 마디 말보다 더 많은 내용을 전달할 수 있다. 따라서 이런 대처 수단을 더 격려하고 지지해야 한다.

하지만 ASD 치료 분야에서 내포된 '의사소통'이란 용어 사용의 특징상, 일반적인 자기표현의 의미를 벗어나지 못하거나 때론 느슨하고 광범위한 의미로 종종 사용되는 것 같다.

시공간적 기술

목표: 2차원 및 3차원 공간에서 묘사/모델/협상과 같은 능력과
　　　간접적인 생각이나 마음으로 사물을 회전시키는 능력을
　　　증진시키기

ASD를 가진 많은 사람, 특히 서번트적 그리기 능력을 가진 사람들의 시공간적 기술은 그들의 강점이다. 그러나 다른 사람들에게는 이러한 기술의 발달이 쉽지 않을 수도 있다. 적당하게 이런 시공간적 기술을 가진 ASD 아동은 드물게 보인다. 주로 이런 능력이 아주 어려운 아동 또는 놀랄 만하게 뛰어난 시공간적 능력을 가진 아동으로 나누어진다. 만약 이런 시공간적 기술이 장점 영역으로 자리 잡은 ASD 아동의 경우에는 미술 활동을 감정적인 자기표현 또는 사회성 등 아동의 다른 결핍 영역을 해결하기 위한 매력적인 방

법으로 쓸 수 있다.

전문화된 미술 프로젝트

그리기 연습

뇌를 '연습'시킬 수 있도록 계획된 그리기 프로젝트는 모두 아동에게 도움이 된다. 이 부분에 관한 좋은 아이디어들은 이미 미술교육 분야에서 많이 다루어졌다. 특히 고전이라 할 만한 도서 『오른쪽 두뇌로 그림 그리기(The New Drawing on the Right Side of the Brain)』(Edwards, 1999)는 ASD 아동의 시공간적 능력과 유연성을 개선하는 데 도움을 줄 수 있게 구성되어 있다. 눈 감고 그리기, 거꾸로 그림 그리기, 다른 시점에서 그림 그리기(측면/전체적 모습, 뒷모습 그리고 위와 아래 시점에서 본 모습), 더 어려운 시점에서 그림 그리기, 또는 자주 사용하지 않는 손, 즉 왼손잡이는 오른손으로, 오른손잡이는 왼손으로 그림 그리기 등의 프로젝트가 있다.

조각품

'구형의' 점토 작품(예: 전면뿐만이 아닌 모든 측면 다루기)을 만드는 것은 3차원 공간을 다루는 것이다. 치료 경험상, 모든 나이대의 ASD 아동은 2차원적 작업을 더 선호한다. 이는 전형적인 깨끗함을 유지할 수 있고, 하나의 평면 작업/표면의 제한은 더 즉각적이며, 색채를 더 풍부하게 다룰 수 있도록 하기 때문이다. 뒤가 평평한 얕은 양각 새김 조각으로 시작하거나 시각적 지시가 담긴 그림과 점토 작품을 모델링하는 것은 아동이 2차원 작업에서 3차원 작업으로 이동할 수 있게 도움을 줄 수 있는 유용한 중재 방법이다.

판화

판화를 만드는 것은 두뇌 회전이 필요한 가장 간단한 2차원적 미술 과정이다. 알아볼 수 있는 이미지를 찍어내기 위해서 판화 판이나 도장은 거꾸로 새겨야 한다. 거울을 사용하여 아동에게 먼저 보여 주고 시연하는 것은 아동의 이해를 도울 수 있다(판화에 대한 자세한 내용은 제5장 참조).

레크리에이션/여가 기술

목표: 생산적이고 즐거운 여가 활동을 개발하여 가정 및
다른 자연스러운 환경에서 보편화하기

아마 이 치료 목표는 많은 부모가 미술 활동에 아동을 등록하는 첫 번째 이유일지도 모른다. 부모는 아동이 하루 종일 비디오를 보거나 컴퓨터 게임을 하며 노는 것 말고, 건강하고도 즐겁게 시간을 보낼 수 있는 유익한 방법을 배우길 필사적으로 원하고, 또 창조적인 미술치료, 조정적인 스포츠 활동, 말타기 치료(hippotherapy) 같은 치료 및 레크리에이션 서비스를 원한다. 미술 프로젝트나 음악 프로젝트를 더 '진지'한 것처럼 만들어야 한다는 압박감을 느껴서 프로젝트에서 즐겁고 놀이적인 측면을 줄여야 한다고 생각하는 창조적 미술치료사는 다음을 되새기길 바란다. ASD 치료 영역에서

치료사가 미술, 음악 및 움직임을 포함하는 것은 치료 상황을 더 즐겁고 재미있게 만들어 학습적인 면을 개선할 수 있도록 하기 위함이다. 즐거움과 재미는 어린 아동이 안정감을 느끼면서 배울 수 있게 한다. 이러한 레크리에이션적 치료의 목표는 보험 회사의 선호도와는 다소 먼 감이 있지만, 건강한 레크리에이션은 가장 중요한 치료 목표 중 하나라는 것을 경험을 통해 알 수 있었다. 미술 활동은 ASD 아동의 보속적 관심(전형적인 미술가한테는 '정열' 또는 '열정'이라고 불림)을 사회적으로 적절한 방법으로 길러 내게 하며, 외로움, 시각적 자극을 해결하고 기술적 숙련과 즐거움의 기회를 제공한다. 동료들과 지역사회 미술 센터 또는 집의 제한되지 않은 환경에서 독립적인 미술 활동을 할 수 있도록 해야 한다.

전문화된 미술 프로젝트

즐길 수 있고 생산적인 미술 활동

미술은 치료 목표를 달성하는 과정을 돕고 작동시키는 원동력이다. 미술 활동의 종류나 수는 무한하다. 이런 수많은 미술 프로젝트가 이 장에서 비록 중요 목표로 깊이 설명되지는 않았지만 보편적인 ASD 아동의 중요 치료 목표인 의사소통, 읽기, 배열화, 사회성, 유연성 같은 영역 목표를 포함한 그 어떤 목표 안에서 함께 선정이 가능하다. 이 장에서 강조하여 설명하고 있는 여섯 가지 치료목표는 보안 또는 보조적인 미술 활동적 개념이 아닌 미술 영역이가지는 탁월한 우수함을 바탕으로 미술 활동을 통해 가장 수행 가능성이 높은 목표 영역을 중심으로 주장되었다. 미술 프로젝트는 종종 대상 아동의 목표 달성을 위해 교사와 치료사 공동으로 또는 정기적으로 만들어지기도 한다.

〈표 4-3〉 이 장의 요약

목표	전문화된 미술 프로젝트
1. 상상/추상적 사고	• 창작 과정 • 비현실적 연출 • 시각적인 상징과 은유 • 상징 놀이 • 추상적 표현 • 타인의 관점에서 바라보기 • 모호한 그림
2. 감각 조절 및 통합	• 감각 조절 향상을 위한 개별화된 프로젝트 • 몸 전체를 미술 활동에 통합하여 사용하기 • 미술 재료의 탐색을 증진시키고 감각 방어 감소시키기
3. 감정/자기표현	• 아동으로부터 발생하는 이슈를 다루는 모든 미술 프로젝트
4. 발달적 성장	• 소근육 운동 숙련도 • 시각적 배열 • 구상적인 그리기 능력을 개발하거나 향상시키기 • 얼굴 인식 및 자기인식 • 시각 기억 • 사회화 및 관계 • 메타표현
5. 시공간적 기술	• 그리기 연습 • 조각품 • 판화
6. 레크리에이션/여가 기술	• 즐길 수 있고 생산적인 미술 활동

Chapter 5
미술 활동 도구

미술치료에서 미술은 브로콜리 위의 치즈와 같이 아동의 노력을 유발시키고 미술 활동을 권장한다. 이는 아동의 노력을 더 이유 있게 한다. 점토 프로젝트가 ASD 아동의 몸을 진정시키도록 돕거나 몸 조절하기 또는 스토리텔링 연습하기를 위해 계획되었는지 등을 구분하는 것은 아동에게는 중요하지 않다. 아동은 단지 점토를 사용하는 것에 흥분하고 신나할 뿐이다! 이 장은 ASD 아동과 작업할 때 쓰면 좋은 미술 재료들을 요약한 장이다. 잠재적으로 모든 재료나 프로젝트는 앞 장에서 설명한 여섯 개의 목표 달성을 위해 사용할 수 있다. 단지 어른들의 개인적 판단, 즉 아동의 특성에 따르면 된다. 아동의 능력과 관심 이외에 미술 재료들을 사용하여 만드는 프로젝트의 가능성에는 제한이 없다.

ASD 아동과 미술 활동을 하는 치료사에게 재료의 사용과 속성에 대한 지식과 이해, 자신감은 중요한 요소이다. 나이가 어리고

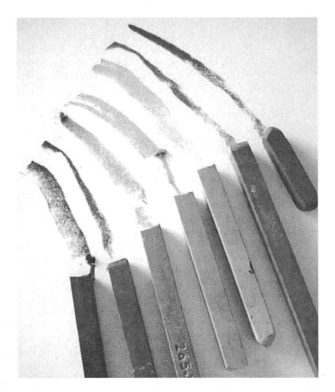

그림 5-1 아동의 특성에 맞는, 즉 손의 감각에 맞고 더 적절한 재료의 다양한 구사 능력은 치료사와 아동의 작업을 더 쉽고 풍성하게 한다.

ASD 범주에 속하기 때문에 아동의 집중 시간은 짧다. 따라서 치료사의 재료 사용의 능숙도나 자신감은 함께하는 치료 시간에 직접적인 영향을 미친다. 조기개입에서는 미리 준비된 프로젝트의 실행보다 미술 재료와 아동의 특성, 치료 시간의 상태 등을 반영하는 순간적인 프로젝트(on-the-spot projects)가 때때로 더 중요하다. 때로는 준비된 프로젝트(청소년 또는 그룹/교실 세팅에서의)가 더 적절한 경우도 있으며, 이 책의 끝 부분에 제시한 추천 도서에서 몇몇 유용한 자원을 찾을 수도 있을 것이다. 입에 손을 넣는 버릇, 이식증(pica, 먹을 수 없는 것을 먹는 것) 등의 문제를 가진 경우, 아동이 알레르기가 있는 경우 또는 특수한 식이 요법을 하고 있을 경우, 치료사는 이 점들을 미리 숙지하여 재료에 들어 있는 성분에 대해 파악하고 알고 있어야 한다. 무독성 재료 및 수성 페인트를 사용하는 것은 가장 쉽고 좋은 방법 중 하나이다. Monona Rossol의 책『예술가를 위한 보건 및 안전지침(The Artist's Complete Health and Safety Guide)』(1994)을 체크해 보고 가게에서 미술 재료를 살 때 성분을 확인하라.

이 장은 과정('페인팅' '그림 그리기' 등) 중심으로 나누어져 있고, 각각의 과정에 적합하고 추천하는 재료('연필' '붓' 등)로 구성되어 있다. **단계 집중적인 과정**(step-intensive processes, 조각하기, 혼합된 미디어 사용, 사진, 판화, 발견된 재료 사용이나 재활용, 콜라주)보다 **즉각적인 과정**(immediate processes, 페인팅, 그림 그리기, 점토 모델링)이 아직 어린 미취학 아동을 더 만족시키고 나이에 더 적합하기 때문에 많은 관심이 주어진다. 필요하다면 단계별 시각적인 지시(step-by-step visual instructions)가 지원된 단계 집중적인 과정은 아동의 미술 놀이 기간을 늘리고 더 완성된 작품 추구를 할 수 있다. 하지만 어린 아동에게는 아주 정교한 작업은 어려울 수 있으니 처음에는 이를 드물게 사용하는 것이 중요하며, 치료사의 개입이 많아져 대부분의 작업이 치료사의 몫이 될 것이다.

조기개입이란 콩, 면도용 크림, 요리되지 않은 파스타 같은 '사전 미술(pre-art)' 재료를 주는 나이를 말한다. 사전 미술 재료는 모든 연령이나 기술의 수준에 관계없이 어떠한 프로젝트에도 유용하게 쓰일 수 있다. 어떠한 면에서 어린 아동들은 미술 재료 사용에 대한 사전 경험 없이 콩과 면을 쉽게 잡는 것처럼 붓이나 크레용을 잡고 (어쩌면 미술 활동에서의 음식 재료 사용을 이해하는 것보다 더 쉽게) 재료의 기능을 이해할 수 있다. 사전 미술 재료가 아동의 미술 경험에 있어 기본적이라고도 또 하위의 미술 재료라고도 생각하지 않는다.

아동에게 제공하는 미술 재료의 품질에 관해 이야기하자면, 많은 양을 사용할 수 있다는 점을 고려해 전문적이고 고가의 재료를 구입하는 것에는 정당성이 없어 보인다. 하지만 품질이 낮은 '아동미술' 재료는 피할 것을 권장한다. 학생급 재료나 용품은 대표적인 저품질 핑거 페인트나 색상지보다 가격이 조금 더 비싸지만 실용적이고 고품질의 전문적인 용품보다 가격이 저렴하다. 예산에 맞추어 어떻게 투자하고 적절한 재료를 구입할지 결정하라. 예를 들어, 좋은 품질의 종이는 몇 년(또는 몇 주) 뒤에 작품이 바래거나 사라지지 않는 반면 고품질의 드로잉 도구의 연필심이 일반 기본 노란색 HB 연필심보다 더 오래 유지되지 않는다. 연습을 위해서는 싼 재료를 이용하는 것도 방법이다. 하지만 거친 붓과 덩어리 진 물감 같은 취약한 재료는 취약한 작품을 만든다. 치료사로서 우리는 아동(그리고 아동의 가족)이 작품을 간직하고 자랑으로 여기기를 원한다.

필요한 경우, 적응을 위한 도구들(adaptive tools, 붓, 가위 등)을 카탈로그나 인터넷에서 찾아 구입해 사용할 수 있다. 직접 만드는 것은(가능하다면) 가장 빠르고, 싸고, 개별화된 방법이다. 이러한 도구의 사용은 아동의 치료사 또는 교사가 필요하다고 하는 판단 및 결

정을 전제로 하며, 그렇지 않은 사용은 배제하는 것이 좋다. 운동
근육의 결핍은 ASD 자체의 특징은 아니다. 또한 아동들이 어릴 때
재료를 잡고, 평범하고 대표적인 방법을 통해 사용하고 배우게끔
하는 것이 가장 기본적이면서도 좋은 방법이다. 어린 아동이 도구
를 잡기 위해 다양한 방법을 시도하는 것은 정상적이며 나이에 부
적절하지 않는 한 말리지 않는 것이 좋다. 만약 ASD를 가진 아동이
적절치 않거나 안전하지 않은 방식으로 도구를 잡는 것을 고집한
다면, 이는 다른 방법으로 할 수 없어서가 아니라 이미 익숙해진 방
법이 있고 변화에 저항하기 때문이다.

페인팅

　저자의 경험에 따르면 페인팅은 ASD 아동에게 가장 필요한 과
정으로 조절 문제(regulation problems)를 촉발할 가능성이 가장 높
다. 페인트에 대한 열정을 관리하고, 반복적인 사용 또는 자기자극
방법으로서의 사용 경향을 해결하는 일은 많은 노력을 요하지만,
나이에 맞는 건강한 방법으로의 페인팅은 즐거움을 가져오는 가치
있는 활동이다.
　페인트, 즉 물감의 다양한 색감과 유동적인 특성은 어린 ASD 아
동을 압도하고 흥분을 일으킬 수 있다. 물감과 구조적인 방법, 적절
한 작업 시간과 타이밍 그리고 행동 개입(제6장 참조)을 통해 감정
과 감각을 관리하는 것을 배우게끔 하고, 적절한 사용 방법, 묘사와
상상력 기술을 익히면서 즐길 수 있게 가르치고 도움을 주어라. 다

양한 물감과 붓 종류뿐만 아니라 작업 공간(이젤이나 벽에 서서, 책상
에 앉아서, 바닥에 쭈그려 앉아서)과 크기(소형에서 대형까지의 벽화)도
경험하고 실험할 수 있게 격려한다.

〈표 5-1〉 유용한 페인팅 재료의 목록

- 템페라 페인트(병): 종이 위에 페인팅하기 좋음
- 아크릴 페인트(병이나 튜브): 고품질 페인팅 및 목재 또는 말린 점토에 페인팅하기 좋음
- 수채화 물감(트레이에 있는): 말린 페인트 덩어리는 병에 있는 페인트보다 덜 지저분함
- 물컵(세트)
- 붓(다양한 크기, 합성 또는 천연모, 평평한 끝 및 둥근 끝)
- 스펀지(손잡이 있는 것과 없는 것)
- 손가락 페인트(병): 아마도 보관하지 않게 될 작품을 위해 품질이 낮아도 됨
- 페인트용 천 조각: 천 조각은 종이 타월보다 더 오래가고 적은 쓰레기를 만듦(정기적으로 씻기)
- 종이(다양한 크기, 색 및 무게, 페인트를 유지할 만큼 강해야 함. 즉, 찢기지 않아야 함)
- 마스킹 테이프
- 골판지 및 포스터 보드(종이 밑에 넣거나 그림 표면으로 사용하기 위함)
- 트레이/팔레트(각각의 색을 위해 구멍이 있는, 플라스틱 달걀 상자 같은 것)
- 식품 염료(물에 몇 방울과 섞어 수채화 '물감'과 같이 만들어 쓸 수 있고 먹었을 경우 큰 문제가 되지 않는 것)
- 캔버스(느슨하게 또는 틀에 늘림): 특별한 프로젝트를 위해 좋음
- 부처 종이(butcher paper)/크라프트지(벽이나 작업 표면 보호 또는 벽화를 위해 좋음)
- 아동 크기의 앞치마 또는 크고 낡은 셔츠
- 얼굴/보디용 페인트

그림 5-2 핑거 페인팅: ASD 아동과 애증의 관계가 있다. 어떠한 아동은 적극적이고 여기저기 묻히는 데 반해, 어떠한 아동은 손에 묻히기 꺼리며 불편하거나 과도한 자극을 받는다!

그림 그리기

그림 그리기는 모든 미술 과정 중에 가장 기본적이고 중요하며 유용하다. 대부분의 아동에게 그림 그리기 활동은 조정되는 활동이지만 개별적인 아동-재료 상호작용(individual child-material interaction)에 따라서 아닐 수도 있다. 그림 그리기는 특별한 계획이나 정리가 필요 없는 즉각적인 자기표현을 위한 도구로, 아동이 구어적인 설명에 집중하거나 듣는 것이 어려운 경우 어른과 아동의 의사소통으로 편리하다.

그림 5-3 오일 파스텔: 크레용보다 더 빠르고 재미있다. 하지만 조심해야 한다! 부드러운 유성의 질감은 통제할 수 없는 감정을 무심코 불러일으킬 수 있다. (이 얼굴을 알아볼 수 있는가? 엘모이다.)

그림 그리기 활동의 다양함에는 끝이 없다. 그림 그리기는 쓰기 및 소근육 운동(fine motor) 기술과 밀접한 관계를 가지고 있기 때문에 거의 모든 종류의 치료사(예: 행동치료사, 작업치료사 등)가 어떤 시점에서 내담자를 참여하게 하는 미술 과정 중 하나이다. 아동이 도구를 잡는 방법이 다른 사람들이 잡는 방법과 100% 일치해야 한다고 생각하지는 않지만(특히 유치원 나이의 아동이라면) 주먹을 쥐어 잡는 것은 방지해야 한다.

〈표 5-2〉 유용한 그림 그리기 재료의 목록

- 연필(다양한 강도, 단단함/부드러움)
- 지우개(분홍색, 흰색, 물렁함)
- 색연필
- 왁스 크레용: 3-포인트/삼각 잡기(tripod grip)를 장려하기 위해 작은 덩어리로 부숨
- 오일 파스텔(크레파스 또는 오일 크레용이라고도 불림): 크레용보다 더 부드럽고 더 적은 압력이 필요함. 입 안에 넣는 것을 주의해야 함. 오일을 기반으로 만들어진 것
- 사인펜(다양한 크기, 빨 수 있는 것과 없는 것)
- 종이(다양한 사이즈, 색, 무게)
- 스케치북: 그림을 같이 간직하고 책이나 일기처럼 급하게 훑어볼 수 있는 좋은 방법
- 칠판(마커와 지우개): 빠른 밑그림 작업을 할 때 쓰기 좋고 종이를 절약할 수 있음
- 연필 교정기: 필요할 경우 3-포인트/삼각 잡기를 장려함. 공기 건조 점토로 만들 수 있음
- 자석 그리기 보드(Magna Doodle) 또는 다른 그리기 장난감
- 보도 분필(sidewalk chalks): 거친 표면 위에 그리기 튼튼함
- 부처 종이/크라프트지: 큰 벽 그림이나 몸 본뜨기 그림을 그릴 때 좋음
- 잉크 펜(볼펜, 네임펜)
- 자, 각도기, 컴퍼스(큰 아동을 위한)나 끝이 곧은 도구
- 크림 또는 거품(면도용 크림 같은 것): 번져 문지르거나 손가락으로 그림 그리기 도구로 좋음
- 수채화 연필(흐릿하거나 번진 효과를 위해 종이나 연필을 물에 적시기)

점토 모델링

점토 모델링은 작은 손가락, 팔, 어깨 근육 운동에 적합하며, 자연적으로 상징적(symbolic) 또는 가상 놀이에 좋다. 아동이 도구를 사용하여 3차원적으로 자신을 표현하는 방법을 아직 잘 모른다면 기본적인 점토 모델링 기술을 가르치는 것을 권장한다. 아동이

그림 5-4 플라스티신: 어린이 공작용 점토는 두드리기에 적합하고 오래 두드릴수록 더 쉽게 작업을 할 수 있다. 이 작품은 귀여운 작은 오징어이다.

〈표 5-3〉 유용한 점토 재료의 목록

- 플라스티신(다양한 색, 어린이 공작용 점토): 잘 마르지 않고 오래가는 점토로 작은 손가락 운동을 하기 유용하며 서로 잘 붙음. 입 안에 넣는 것을 주의해야 함(오일을 기반으로 만들어짐)
- 플레이도(다양한 색): 일반적으로 소량을 먹었을 경우에는 안전함. 빨리 마르고 가소성을 빨리 잃음. 보통 밀을 포함하고 있음. 아동이 글루텐−프리 식이 요법을 하는 경우 조심해야 함
- 공기 건조 점토: 다양한 선택권이 있음. 아동이 어느 정도의 지저분함을 원하는지에 따라 (플라스틱록처럼) 젖은 또는 (크레욜라처럼) 마른 상태로 작업할 수 있음. 주로 흰색이나 회색으로 나옴. 하룻밤 정도면 마르고, 마르면 페인트칠할 수 있음
- 천연 흙 점토: 어린 아동에게는 진흙에서 노는 것과 비슷함. 점토를 구울 수 있는 가마가 없을 경우 비실용적임. 나이가 좀 더 있는 아동과 작업할 때 좋음
- 오븐 베이킹 점토(스컬피 같은): 집에 있는 기본적인 오븐에 구울 수 있고 잘 굳음. 가격은 조금 비싼 편임. 어린 아동과는 다소 작업하기 어려운 점이 있어 나이가 더 든 아동과 작업하기에 더 적합함. 오븐에서 굽기 전 속을 파거나 겉에 은박 포일을 싸서 안쪽의 두꺼운 부분이 깨지지 않거나 산산조각 나지 않게 해야 함
- 집에서 만든 반죽: 인터넷에서 여러 가지 만드는 법을 찾을 수 있음(파이 크러스트 만드는 것과 비슷함). 형태가 유지되지는 않겠지만, 아동이 시작할 때 재밌게 만들 수 있는 옵션이 될 수는 있음
- 점토 칼 및 도구(플라스틱 또는 목재): 별로 날카롭지 않음(사실 몇 개의 도구는 뭉툭함). 자르기, 면도하기, 찌르기, 파기 등을 할 수 있음. 아동에게는 아이스크림 나무 막대 같은 것도 안전한 선택임
- 쿠키 커터, 점토 틀, 짤 주머니(extruders, 플레이도 상표) 및 즐거움을 위한 어떠한 장난감 또는 도구

쉽게 따라 할 수 있는 기본적인 세 가지 형태로 공, '뱀'(원통형/장대) 그리고 '팬케이크'(평평한 덩어리)가 있다. 이 기본 형태들로 미취학 아동들은 거의 모든 형태의 원하는 것을 만들 수 있다. 또 늘리기(점토 덩어리에 추가하기), 줄이기(점토 덩어리에서 파기) 또는 얕은 돋을새김(bas-relief, 2차원으로만 볼 수 있게 조각하기, 쉽게 말해 뒷면은 평평하게 하기)의 세 가지 점토 모델링 기법도 유용하다. 얕은 돋을새김은 시공간적 어려움이 있는 아동이 시작하기 좋은 기법이다. 시공간적 어려움이 있는 아동은 '구형의' 작품 만들기, 즉 점토를 돌려가면서 다른 측면 또는 관점을 모델링하는 것을 어려워한다. 꼬집기, 당기기, 두드리기, 말기, 문지르기, 돌리기, 붙이기, 찌르기, 치기 그리고 비틀어 짜기는 모델링 과정을 통해 배울 주요 소근육 운동 기술이다. 치료적 프로젝트 아이디어를 위해 David Henley의 책 『점토를 통한 미술치료(Clayworks in Art Therapy)』(2002)를 확인해 보는 것도 좋다.

조각

3차원 공간에서 만들거나 모델링하는 모든 행위는 조각으로 받아들일 수 있다. 선호도가 높은 프로젝트를 몇 가지 꼽자면 꼭두각시 인형/인형 만들기(puppetry/doll-making, 둘 사이에 구별을 짓는 것은 이 나이 또래에서 무관함)와 가면 만들기(mask making)이다. 털실로 만든 인형(yarn dolls), 테이프와 알루미늄 포일로 만든 인형(tape and foil dolls,[2] 인물의 형상으로 만들어진 포일 조각 둘레에 테이

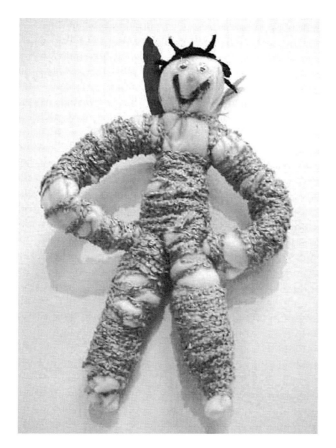

그림 5-5 ASD 아동이 만든 두른 인형

프를 감아서 만든 인형), 천과 실로 만든 두른 인형(wrap dolls,[3] 인물
의 형상으로 만들어진 천 조각 둘레에 실을 감아서 만든 인형), 오려낸
종이(paper cut-outs), 양말 인형(sock puppets) 그리고 막대기 인형

---

2) 미국 시카고 예술대학(School of the Art Institute of Chicago: SAIC) 미술치료학과
   석사 프로그램의 창시자 Don Seiden이 가르쳐 준 것이다.
3) 마찬가지로 미국 시카고 예술대학 교수인 Barbara Fish가 가르쳐 준 것이다.

(stick puppets)은 모두 좋은 인형 만들기 프로젝트이다. 가면 만들기 방법으로는 가게에서 미리 제작된 것을 사서 꾸미기, 일반 얼굴틀 위에 석고 반죽(plaster)이나 종이죽(papier-mâché)을 붙여 말리기, 점토로 조각하기, 그냥 종이를 사용하는 방법 등이 있다. 아동의 얼굴을 본뜨는 것은 권장하지 않는다.

발견된 오브제/재활용품

'발견된 오브제/재활용품(found objects)'이란 단순히 미술 작품에 미술 재료가 아닌 것을 무작위로 사용하는 것을 뜻한다. 사실 이런 행위는 조각의 범위 안에 속하지만 상상력 개발에 유용한 과정임을 강조하기 위해 따로 자체의 과정으로 분류하였다. 본질적으로 폐품/버려지는 물건을 보물로, 즉 의미 있는 물건으로 바꾸는 것이다. 우리는 신경학상으로 전형적인 일반 아동이 골판지 상자로 배를 만들거나 으깬 감자로 산을 조각하면 당연하게 받아들이는 경향이 있지만, ASD 아동이 이런 행동을 할 때는 일반 아동과 대조적으로 보며 눈에 띄는 것으로 받아들인다.

판화

기본적으로 판화란 물체에 잉크를 묻히고 종이 위에 찍는 것을 말한다. 아동은 가게에서 구입한 도장도 좋아하지만, 자신의 도장을 만들 수 있는 미술 프로젝트(스티로폼에서 형태를 오려내기, 감자를 조각하기 등) 또한 좋아하고, 이는 신날 수밖에 없다. 쉬운 프로젝트의 한 예로 스티로폼에 연필로 형태를 그린 뒤 잉크를 묻혀 종이 위에 '찍는(printing)' 방법이 있다. 액체를 흡수하지 않는 표면(플렉시 글래스 또는 테이블 탑)에 페인트칠을 하고 그 위에 종이를 올린 후 '찍는(stamp)' 것 또한 재미있다. 이것은 하나의, 독특한 판화를 뜻하는 '단일 판화(monoprint)'라고 불린다. 그림이 완벽한 대칭이 아니라면 원 그림이 반대로 찍히는 속성(거울 이미지) 때문에 판화는 어렵다. 판화는 두뇌 회전(mental rotation) 또는 머릿속에서 그림 이미지 '뒤집기(flipping)' 연습을 하는 데 좋다. 참고하면 좋은 책으로 Lucy Mueller White의 『판화를 통한 치료(Printmaking as Therapy)』(2002)를 권장한다.

그림 5-6 스티로폼 판화에서 '판화 찍어내기(pulling a print)'의 예

콜라주

콜라주는 간단히 말해 잘라 내기–붙이기(cut-and-paste) 프로젝트를 뜻한다. 잡지 사진 또는 찢어진 종이(다른 색의 종이나 얇은 종잇조각을 같이 붙이기) 사용은 많이 하는 콜라주 기법이다. 먼저 주제를 선택하고 시작하면 된다.

혼합 미디어

혼합 미디어란 두 개 이상의 미디어, 즉 재료를 사용하는 것을 말

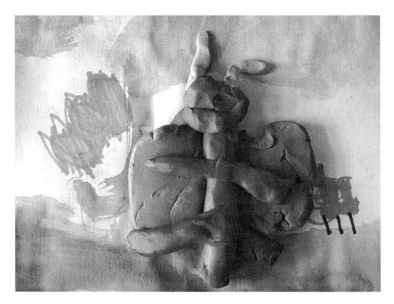

그림 5-7 수채화, 사인펜, 컬러 점토를 사용한 혼합 미디어 프로젝트

사진   119

하는데, 보편적으로 2차원 포맷으로 사용하는 것을 뜻한다. 가장 일반적인 프로젝트로 페인팅과 그림 그리기 또는 콜라주와 그림 그리기가 있다. 아동은 아마 이런 것을 혼합된 것으로 생각하지 않고 자연스레 할 것이다.

사진

사진을 찍고 붙여 작품을 만드는 것은 재미있는 일이다. 어린 아동은 매주 만든 것을 기억하지 못할 수 있기 때문에 필름이 현상되는 것을 기다리는 것은 이상적이지 않다. 디지털카메라(작업하는 곳에서 인쇄가 가능하다면)나 폴라로이드 카메라를 사용하면 즉시 사용할 수 있는 이미지를 만들어 낼 수 있다. 그 위에 그림을 그리거나, 혼합 미디어 또는 콜라주 방법을 사용하거나, 앨범을 만드는 방법 등이 있다. 디지털카메라 사용은 아동이 자신의 관심을 찾을 수 있는 좋은 기회를 제공한다. 좋아하는 사람, 물건, 장소 등의 사진을 찍고, 그 사진들을 직접적으로 사용해서 화면적인 유도, 즉 시각적인 인용이나 베끼기 등 미술 활동 과정에 쓰이는 좋은 도구가 되어 준다.

단계 집중적 프로젝트(step-intensive project)의 과정은 어른과 아동이 함께 만드는 것이다. 창조적 활동에 정해진 규칙이란 없다. 하지만 우리 모두가 미술 활동에 경험이 있는 예술가, 미술교육자 또는 미술치료사가 아니기에 이러한 미술 프로젝트들이 낯설다면 시중의 많은 책과 도움이 되는 웹 사이트를 찾아보길 권한다. 또한 근처의 미술 클래스에서 단기적으로 배우는 것도 좋은 방법이다.

아동이 조금씩 나이를 먹어 감에 따라 특정한 재료를 선호하기 시작할 것이다. 이때 선호하는 재료의 역사와 특정 사용 기술/기법을 가르치는 것을 고려해 볼 수도 있다. 적절한 방법으로 소개할 수만 있다면, 아동이 좋아하는 재료에 뛰어난 기량을 보이거나 보였던 예술가의 작품과 사진을 소개하는 방법도 교육적이고 치료적일 수 있다. 저자의 경험담을 예로 들어, 청소년 구금 센터에 있는 발달장애 소년에게 Jackson Pollock의 물감 튀기기 그림(splatter painting)을 소개한 적이 있다. 미술치료 시간을 통해 같이 그림 그리는 것을 즐기며 단단한 유대 관계를 유지하고 있던 중, 이러한 종류의 그림(물감 튀기기 그림)이 소년에게 긍정적인 영향을 주고 긴장을 풀어 준다는 확신이 설 때까지 기다렸다가 소개했다. 그림을 너무 성급하게 소개할 경우 오히려 불안전감이나 혼돈을 줄 수도 있기 때문이다. 소년은 미술치료 공간에서 정한 경계 안에서 Pollock의 방식으로 자유롭게 그림 그리는 것을 즐겼다. 소년에게 Pollock의 그림은 미술 역사로 소개되었고 Pollock의 형식을 따라 하는 과정을 통해 소년은 독립적으로 자신의 삶의 혼란에 연결하고 그것을 표현했다.

미술 프로젝트에 다른 예술(특히 어린 아동에게는 음악과 춤/동작)을 가능한 한 많이 추가하는 것은 아동의 경험을 더 의미 있게 만들어 준다. 음악 멜로디에 맞춰 그림 그리기, 라임 또는 이야기를 사용해 그림 주제에 대한 영감 떠올리기, 자기가 만든 인형과 춤추기 등은 미술 활동에 활기를 더 불어넣어 준다. 미술치료가 소근육 기술 발달 영역에 치우친 반면, 더해지는 음악이나 춤/동작들은 균

사진   121

형 잡힌 대근육 발달에도 도움을 줄 수 있다. 참고로 음악치료, 춤/동작치료, 또는 적응적 예술교육 문헌에서 찾을 수 있다.

〈표 5-4〉 유용한 미술 재료의 목록

조각 재료
- 석고(양동이 또는 석고를 묻힌 거즈)
- 고운 및 거친 알갱이의 모래
- 재미 또는 장식용 파우더 가루 및 젤
- 단추 및 구슬
- 실
- 끈(연 끈 또는 꼰 실)
- 천 조각
- 깃털
- 펠트
- 베개 솜 또는 화장 솜
- 면도용 크림
- 발사 우드(balsa wood)
- 나무 조각
- 다양한 풀(딱풀, 어른을 위한 글루건)
- 마스킹 테이프
- 알루미늄 포일
- 종이 반죽
- 사전 제작 물건(가면 같은)
- 조각도(어른을 위한)

발견된 오브제/재활용품
- 자연물(돌, 잎, 나뭇가지, 꽃)
- 골판지 및 신발 상자
- 가죽 또는 플라스틱 조각

- 병 또는 단지
- 안전하고 유용한 모든 물건

콜라주

- 잡지(보통 자연 · 과학 잡지에 가장 훌륭한 사진이 있음)
- 작은 손을 위한 가위
- 다양한 색종이
- 글리터(반짝이)
- 쓰기 또는 페인팅이 가능한 모든 재료 및 풀

판화

- 스티로폼 판 또는 접시(미술 재료 카탈로그에서 주문할 수 있지만 야채를 포장할 때 사용하는 일회용 접시도 가능)
- 연필 또는 뾰족한 도구
- 손으로 미는 롤러(롤러)
- 수용성 잉크
- 도장(가게에서 구입 또는 스티로폼, 나무, 감자 등으로 직접 만든 것) 및 잉크 패드
- 물감 또는 물을 흡수하지 않는 표면(플렉시 글라스)
- 아크릴 또는 템페라 페인트 및 붓

사진

- 사진을 바로 볼 수 있는 디지털 또는 폴라로이드 카메라

Chapter 6

의미 있는 질적 미술 경험을 보장하기 위한 조언

ASD 아동과 함께 하는 미술 활동은 즐겁다. 다만 제대로 하는 것은 매우 벅찬 일로 쉽지 않다. 이 장은 모든 나이의 ASD 아동들과 미술을 하는 어른들을 위한 조언으로 구성되어 있다. 이 장에 제시된 알아두면 유용한 정보를 한두 번 읽고 연습한다면 이 모든 기술은 아동의 지지자에게 제2의 천성이 될 것이다.

철학

ASD 아동의 개별적인 독특한 증상 때문에 아동에게 의미 있는 고품질의 미술 경험을 제공하고 또 주고받는 일은 쉬운 일이 아닌 도전 그 자체이다. 이 도전적인 일에 대면하고, 극복해야 할 어려운 일이 아닌 그 일 자체로 어떻게 받아들이느냐가 중요하다. 아동이 물감을 만지는 것을 거부하거나(촉각 방어), 불도저만 그리거나(보속성, 즉 집요한 반복/집착), 꼭두각시 인형을 가지고 놀지 못하는 것(상징 놀이 결핍)과 같은 행동은 종종 부모로 하여금 자녀가 미술 활동에 적합하지 않게끔 보이게 한다. 하지만 예를 들어 어떤 아동이 언어치료를 권장받는다면, 이는 아동의 탁월한 언어 능력 때문이 아닌 이런 능력의 결핍 때문이다. 치료적 미술 활동 또한 이런 맥락에서 생각되고 받아들여져야 한다. 미술 활동을 아동의 관련 결핍 부분(상상/추상적 사고, 감각 조절 및 통합, 감정/자기표현, 예술적인 소근육 발달적 성장, 시공간적 기술 그리고 레크리에이션/여가 기술)을 해결하기 위한 요법 또는 도구로 보면 된다. 미술 활동을 좋아하고 몇 시간 동안 앉아 즐겁게 작업을 할 수 있는 아동이 미술을 이용하는 이 치료 분야에서 더 빠른 발전을 이루겠지만, 미술 재료에 대해 잘 의식하지 못하여 더 많은 어른의 도움이 필요한 아동에게는 그들의 숨겨진 창조적 가능성을 발견할 수 있는 절호의 기회가 될 것이다. 다시 쉽게 말해, ASD 아동의 의미 있는 질적 미술 경험은 다음의 세 부분과의 관계로 구성되어 있다.

① 관련된, 유용한 미술 프로젝트
② 어른과의 다정하고 지지적인 관계
③ 목표 성공이 설정된 개별 맞춤화된 적응

지금까지 이 책의 내용 대부분은 미술 프로젝트에 집중했다. 이 장의 구성은 치료를 위한 방정식의 다른 두 부분을 완성하는 데 도움이 될 것이다.

그림 6-1 이 책의 저자와 어린 예술가가 그림 그리는 방법을 배우고 있다.

작업 공간 설정하기

집단적 특성 중 하나로 부주의하다는 평판을 가진 ASD 아동은 주변 환경에 극도로 민감하고 자신의 주변을 의식할 수 있다. 환경을 자극하는 요소들, 즉 시력(시각의), 냄새(후각의), 소리(청각의), 손이 미칠 수 있는 곳에서의 감촉(촉각의), 심지어 맛(입의/미각의)과 같은 환경 자극이 만족시키는, 중립적인, 또는 불안을 자극하는 느낌을 구분하는 것은 ASD 아동의 작업 공간을 설정하는 큰 요소이다. 공간이 주는 환경 자극과 아동의 현재 감각 상태 사이의 적절한 균형을 찾는 것은 치료 시간의 질을 향상시키는 커다란 요인이다.

공간이 낮은, 중간, 또는 높은 자극을 제공하느냐에 따라 공간을 정의하라. 대부분의 미술작업실 또는 교실은 아주 자극적인 요소들—벽에 게시된 다양한 색의 작품들, 쉽게 손에 닿는 다양한 재료, 달콤한 향기로 가득 찬 공기 심지어 음료수 또는 간식까지 있기도 하다. 그러나 일부 ASD 아동만 이런 공간에 지나치게 자극되고 충동적이게 된다. 이상적으로 말하자면, 작업 공간은 최적의 학습을 위해 여러 다른 감각의 요구를 받아들이고 적응하는 훈련을 할 수 있는 여러 다른 공간을 만들 수 있도록 충분히 커야 한다.

낮은 자극 방 또는 공간은 빈 벽으로 이루어지고, 범위 내에 재료가 없으며(필요할 시 가져오는), 주의 산만한 창문을 막아 놓아야 한다. 낮은 자극 공간이 꼭 단조로울 필요는 없다. 벽은 진정시키는 시원한 톤의 색으로 칠하고, 부드러운 카펫으로 바닥을 덮고, 편안한 콩 주머니 의자와 베개를 둔다. 책상과 의자는 최소량만 있으면 된다. 이런 공간은 아직 기어다니고 바닥에 구르는 어린 아동, 매우 충동적인 아동, 휴식이 필요한 아동 등 스스로 조절하는 데 도움이 필요한 아동 모두에게 유용하다. 낮은 자극 공간은 더 절제되므로 더 지저분하고 어려운 미술 프로젝트를 ASD 아동에게 소개하고 더 쉽게 성공적으로 이끌 수 있도록 할 것이다. 또한, 아동이 청소하는 시간을 덜 쓸수록 치료사와 아동 모두 좌절감을 덜 느끼게 될 것이다.

높은 자극 방 또는 공간은 벽에 게시된 다양한 작품, 범위 내에 아동이 스스로 만지는 것이 허용되는 여러 가지 재료, 어른의 허락이 필요한 재료, 높은 선반이나 잠긴 선반에 있는 축축하거나 깨지기 쉬운 재료, 그리고 다양한 작업 스테이션(나이에 적합한 이젤, 나이에 적합한 책상, 벽 그리고 바닥 공간)으로 이루어져 있다. (카펫이 없는) 딱딱한 바닥은 청소를 더 쉽게 해 주고 지저분해지는 것에 대한 걱정을 줄여 줄 것이다. 공간에 싱크대가 있을 경우 싱크대 사용에 대한 명확한 규칙, 즉 언제 어떻게 싱크대를 사용할 수 있는지에 대해 글과 그림으로 설명해 놓을 것을 권장한다. 싱크대가 건물의 다른 위치에 있다면 사용한 더러운 붓 등을 세척하기 위해 작은 물병과 깊은 쟁반에 물을 미리 준비한다. 도구를 세척하기 위해 싱크대를 왔다 갔다 하는 번거로움을 줄일 수 있다. 준비하기와 뒷정리하기, 즉 청소하기는 중요한 생활 기술이다. 가능할 때마다 아동과 함께 이런 기술 연습을 하는 것이 아동을 위해 대신 해 주는 것보다 더 좋다. 높은 자극 공간은 안전하고 독립적인 작업을 격려하기 위해 제작된 것이다.

만약 방이 하나만 있을 경우, 높은 자극 방과 낮은 자극 방 기능을 절충할 수 있어 융통성(아동의 필요에 따라 가구/재료를 가져오거나 치우기) 있게 방의 특성을 유지하는 게 중요하다. 만약 반대로 공간 여유가 많아 여러 특징의 방을 제공할 수 있다면, 구체적인 재료에 대한 방을 만들 수도 있다(높은 자극의 점토 방, 높은 자극의 페인팅 작업장 등). 재료를 정리할 때는 너무 깔끔하고 완벽하게 정리하는 것보다 아동들이 쉽게 찾고 어디에 무엇이 있는지 예측할 수 있도록 뻔하게 하는 것이 중요하다. 변화에 매우 민감한 아동을 위해 상자나 단지에 라벨을 붙이는 등 스스로 준비하고 정리하는 것을 격려하는 것이 중요하다. 즉, 미술치료의 궁극적 목표를 잊지 말아야 한다. 우리는 아동들이 미술 활동에서 단순하게 기술을 스스로 익히고 사용하는 것부터 미술실에서 이룬 적응적 기술을 보편적이고 자연스러운 생활환경인 학교나 집 같은 일반적 장소에서도 적용하도록 하는 것이 목표이다. 미술치료사는 아동의 독립적인 미술 활동이 개선되고 있는지에 대한 아동의 부모, 교사 그리고 다른 보호자들의 의견을 듣고 관찰 기록에 대해 그들과 피드백을 나누어야 한다. 야외에 나가서 풍경화 그리기, 방을 재배치하기, 미술 프로젝트 선택 사항을 바꾸기, 가능할 때마다 아동에게 친화적인 미술관 행사로 특별한 소풍 가기 등의 방법은 일반화를 격려하는 동시에 일상적이고 반복됨에서 오는 지루함을 견제할 수 있는 좋은 방법이다.

　집에서 아동과 함께 미술 활동을 하기 원하는 가족들이 할 수 있는 몇 가지 팁을 소개하자면 다음과 같다. 대부분의 집은 '미술을 하기 위한 방'이 따로 없다. 대신 집에 작지만 특별한 공간을 '미술 코너' 또는 '미술 테이블'로 지정하여 미술 활동을 권장할 수 있다.

아동의 하루 일정 안에 또는 특별한 주말 활동으로 미술 활동을 추가할 수 있다. 다른 모든 새로운 활동을 처음 접할 때처럼 아동을 응원하고 격려한다면(더 명확한 조언을 위해 이 장을 계속 읽어라) 아동은 자연스럽게 미술 활동에 더 독립적이게 된다. 미술 능력에 대한 수동적이고 부끄러움으로 아동과 함께 그림을 그리거나 페인팅하는 것을 꺼리지 않아야 한다. 미술적인 능력이 유전적으로 있든 없든 간에 아동과 함께하는 시간은 소중한 경험일 것이다. 만약 시도조차 어렵거나 아동이 좌절하는 경우, 아동의 치료사나 교사에게 조언을 구하는 것이 바람직하다.

제5장에서 권장하는 재료를 찾을 수 있다. 즐겨 찾는 문구점 또는 미술 재료 웹 사이트에서 대부분 필요한 재료를 쉽게 구할 수 있을 것이다. 학교에 보급되는 카탈로그에서는 좋은 아동용 가구 및 스스로 만들 수 없거나 웹 사이트에서 쉽게 찾을 수 없는 적응용 도구(특별한 붓 또는 가위 등)를 찾을 수 있을 것이다.

관계 맺기

ASD 아동과의 관계는 다른 어떤 관계와도 다를 것이다(강인할 필요도 있을 것이다). ASD 아동은 교육 없이 보편적인 사회적 보답 활동을 하는 것이 힘들며, 처음 미술을 접할 때 미술 작품 만들기나 활동 과정에서 기쁨을 느낄 수 없을 것이다. 게다가 아동의 포옹은 꼭 쥐기와 같이 압력과 물리적인 감각을 탐하는 아이들만의 방법인데, 처음에 이런 반응을 개인적인 문제로 받아들이지 않는 것은 어려운 일이다. 이런 기분은 처음에 이 '관계'를 일방적인 (one-sided) 것으로 느끼게 한다. 하지만 그 어떤 관계라도 일방적일 수 없다(ASD를 가진 사람들이라도). 변화와 개선에 대한 명확한 기대치를 정하는 동시에, ASD 아동의 특성을 존중하면서 그들의 사랑스럽고 또 그다지 사랑스럽지 않은 면까지 받아들이는 것이 중요하다. 아동이 즐기기 시작하고 치료사를 믿기 시작하는 것은 작은 일에서 비롯된다. 미술치료사는 ASD 아동이 편안함을 느끼고 또 새로운 기술을 배우도록 도울 수 있어야 한다.

융통성 있게 하기

아동의 ASD 관련 증상의 강도는 주기적인 순환과정이 있을 것이다. 어떤 날에는 다소 차분하고 조절이 잘되고, 또 다른 날에는 자기자극 행동이 매우 산만하고 위협적일 수 있다. 이런 강도의 주기적 차이는 아동의 배우는 능력을 방해할 것이고, 어떤 특정한 날에는 작업하기로 한 예상 프로젝트가 너무 자극적이거나 어려워질 것이다. 따라서 모든 회기마다 아동에게 똑같은 참여 수준을 기대하고 요구하는 게 현실적이지 않다. '융통성 있게 하기'의 의미는 계획한 프로젝트에서 아동을 제외하라는 뜻이 아니라, 무엇을 어떻게 소개하는지를 때때로 수정하는 것이 필요하다는 뜻이다. 작업을 세분화하고, 가능하다면 아동과 협상을 한다.

아동이 자신의 몸을 조절할 수 있도록 돕기

주로 신체기능에 관한 증상을 보이는 아동과 함께 일한다는 것은 치료상의 대부분의 시간이 아동의 몸의 행동 조절 능력의 숙달을 돕는 것에 소요된다는 뜻이다. 아동이 자신의 몸을 절제하고 조절할 수 있게 도움으로써, 치료사와 함께하는 시간을 통해 아동에게 자기 자신을 믿을 수 있다는 것을 일깨워 주게 된다. 또한 스트레스를 일으키는 상황 또는 환경을 예측할 수 있다는 것은 (필요하다면 피하고 치료상이면 개입하는) 치료사를 함께하기에 안전한 사람으로 느끼게 한다. 미술을 사용해서 아동이 몸을 조절할 수 있게 돕는 방법은 제4장에서 설명하였고 좀 더 전통적인 방법은 이 장의 뒷부분에서 설명하였다.

미술적 선택을 존중하기

비록 아동이 창조적 표현 활동 중에 ASD 증상을 덜 보이도록 하는 것이 미술치료의 목표이지만, 제3장에서 기술한 행동 유형을 존중하는 것은 중요하다. 반복적인 도식 또는 집요하게 반복적인 관심을 어느 정도 허용하거나 이를 좋은 행동에 대한 적절한 보상으로 사용하는 것은 ASD 아동으로 하여금 미술을 즐길 수 있게 보장하는 일이 될 것이다. 판단하지 않고 모든 창조적인 행동을 받아 주고 칭찬하는 일은 아동의 마음속에 미술을 향한 긍정적인 감정을 만들어 준다. 좋은 행동(예: 열정적인 점토 치기)을 강조하고 나쁜 행동(예: 점토 먹기)을 무시하면 행동 수정이 가능하다. 즉, 바람직한 행동을 연마할 수 있다. 비생산적이거나 자기자극적인 미술 재료를 사용하는 것은 때론 부담 없이 허용될 수 있지만, 이런 행동 다음에는 더 적절한(그리고 더 강화된) 미술 프로젝트를 실행하도록 준비해야 한다. 미술 활동을 할 때 체벌은 절대 행해지지 않아야 하며 바람직하지 않다.

밀착과 편안해지기

ASD 아동과 전에 함께 일한 경험이 없거나 적은 치료사라면 아동이 얼마나 많이 신체 접촉을 갈망하거나 피하는지 새삼 놀라게 될 것이다. 한 아동의 여러 감각은 매우 민감하거나 다소 민감하지 않을 수도 있다(너무 영향을 많이 받거나 너무 적게 받음). ASD 아동은 자신의 행동이 다른 사람을 불편하게 만들 수 있음을 잘 깨닫지 못하며, 그런 행동을 고려하기 위한 '공감'이 부족하다. 따라서 '개인 공간(personal space)'의 의미를 이해할 수 있도록 적절한 훈련이 필요하다. 덧붙이자면, 아동에 따라서 배변이나 공격적인 행동을 개선하기 위한 도움이 필요한 경우도 있을 것이다. 단지 애정을 보여 주기 위해서 아동이 치료사에게 올라타거나, 주머니에 손을 넣거나, 배에 머리 박치기를 하거나, 팔꿈치를 꼬집거나, 양말을 만지거나, 냄새를 맡는 행동을 할 수도 있다는 것을 알아야 한다. ASD 아동과 미술치료를 하기로 마음먹었다면 먼저 앞치마를 입고 아동의 적절한(예: 포옹) 또는 부적절한(예: 꼬집기) 접촉을 모두 받을 준비를 해야 한다.

아동을 사랑하기

ASD 아동에 대한 자비로운 사랑은 아마 아동과 함께 일하는 과정에서 가장 중요한 부분인데도 상대적으로 덜 언급되는 면이 있다. 지체장애 아동과 밀접한 관계를 맺고 일하는 것은 많은 인내와 상냥함이 기본적으로 필요하다. 이런 아동과 일할 때, 어른의 야망이나 목표를 기반으로 하지 않고 사랑에 기반을 두는 것이 인내와 상냥한 태도를 유지하기에 더 쉬울 것이다. 진정으로 아동을 돌보고 보호하는 어른은 아동의 가족에게 커다란 위안이 된다. 사랑은 아동의 예후(그리고 미술 기능)에 긍정적인 영향을 미칠 수 있는 중요한 요인이라고 생각한다.

에너지 소모를 주의하기

ASD 아동의 발전 과정은 느리다. 따라서 치료사를 비롯한 어른들은 때때로 지루해질 수 있고 또 좌절을 느낄 수 있다. 교사나 치료사가 아동의 집에서 미술 작업을 할 경우, 이는 너무 친밀하게 느껴질 수 있다. 장애를 가진 사람을 돌본다는 것은 슬퍼지거나, 우울해지거나, 심지어 도움이 되지 않다는 생각을 갖게끔 만들 수도 있다. 에너지 소모를 주의하고, 스스로를 돌보고, 쉬고, 그런 감정을 표현해야 한다. 만약 아동이나 당신이 미술 기술과 목표 작업에서 휴식을 취할 필요가 있다면 충분히 쉬고, 미술 활동이 아동에게 독이 되거나 스트레스를 일으키는 요인이 되지 않도록 해야 한다.

사회화 및 의사소통

제4장에서 언급한 바와 같이, 미술 프로젝트를 사용해서 사회성
이나 의사소통 문제를 다룰 수 있지만 미술이 다른 개입 기술보다
더 적합하다고는 할 수 없기 때문에 사회화와 의사소통을 미술을 사
용하여 이루고자 하는 여섯 개의 주요 목표에는 포함하지 않았다.
비록 미술이 일상적인 요구와 필요를 넘어 감정을 표현하는 데 좋은
방법이지만, 그림 그리기는 일반적인 관점에서 비효율적인 의사소
통 방법이다. 또한 창조적 환경 내에서 자연스러운 사회적 활동을
계획할 수 있지만, 미술이 아동에게 자연스러운 사회적 활동이라고
할 수는 없다. 미술은 사회적 작업을 조금 더 매력적으로, 하고자 하
는 의지를 만들어 주는 활동이라고 보면 된다. 미술은 상상력과 시
각적·감각적·창조적 영역에서 아동을 가장 잘 도울 수 있는 매체
이며, 이런 영역은 주로 ASD 아동에게 덜 발달된 영역이다.

타인과 관계를 맺는 것에서 사회성 및 의사소통의 발달이 시작
된다. 관계 맺음은 인간의 상호작용을 묶는 실이다. 다음은 관계 맺
음을 위한 몇 가지 팁이다.

아동이 어떻게 의사소통하는지 알고
이를 지원하는 방법에 대한 지식 갖기

아동이 구어적인 표현, 즉 말을 하지 않는(또는 아직 하지 않는) 경
우 전자통신 기기(화면에서 사진/버튼을 선택하면 소리 내어 말하는 장

치 혹은 타자로 치면 큰 소리로 대신 말하는 키보드), 그림 교환 의사소
통 시스템(Picture Exchange Communication System: PECS) 카드(아
동이 사진 카드를 합치고 이용하여 원하는 의사 요구를 전달한다), 수화
를 사용하는 방법 등 여러 체계적인 방법을 통해 아동에게 의사소
통을 가르칠 수 있다. 또는 아동은 단순한 소리와 손짓을 사용할 수
있다. 아동을 지원할 수 있도록 필요한 지식을 습득하고(간단한 신
호 배우기, 전자 기기 사용 방법 배우기 등) 아동이 적절히 의사소통법
을 습득할 수 있게 돕는다.

가능할 때마다 적절한 사회 행동을 강조하고 보상하기

아동과 눈 맞춤을 하기 위해 필요한 시간을 충분히 갖고, 연령에
맞는 적절한 예절(예: '~해 주세요' 및 '고맙습니다' 등), 즉 매너 있는
행동을 할 수 있게 권장하는 동시에, 이를 호혜적인 상호관계를 통
해 보여 준다. 이런 기술은 미술치료사로서 언제나 가지고 있어야
할 중요한 기술로 아이들이 성장할 수 있게 항상 도움을 줄 수 있어
야 한다.

말하지 않는 것을 말하기

ASD 아동과 일을 할 때 대개 말하지 않거나 두 사람 사이에서 저
절로 이해되는 정보를 직접 말하는 것은 치료적이라고(그리고 언급
할 필요 없이 예의 바른 방법이라고) 생각한다. ASD 아동은 추측하기,
추상적인 것을 감지하기, 문맥상의 단서를 찾기 등을 어려워한다.

예를 들어, "……때문에 나를 위해 이 일을 해 줘." "……때문에 네가 한 일이 나를 이렇게 느끼게 했어." 또는 (대부분의 사람은 파악할 수 있는) 타인의 얼굴에 나타나는 감정을 말하는 것 등 단순한 것들이 ASD 아동에게는 어려울 수 있다. 치료사를 자연스러운 언어(수사법, 은유 등)를 사용하되 설명을 해 준다. 치료사 자신의 사고 과정을 말로 하는 것은 좋은 교육 도구이다.

아동의 신체 언어를 '듣기'

아동이 구어적인 의사소통, 즉 말을 할 수 있다고 해도 스트레스를 받거나 화나고 마음이 속상한 상태라면 아동의 언어적 의사소통은 종종 불가능해진다. 이럴 때에는 신체 언어를 초기 경고 시스템으로 받아들일 것을 권장한다. 아동이 자신의 몸을 조절하고 집중하는 능력(또는 무능력)이 있는지, 그에 대해 무엇을 말하고자 하는지 관찰하고 발작(또는 성질을 부림) 같은 행동으로 역행하기 전에 아동이 필요한 것을 표현할 수 있게 돕는다. 앞으로 아동의 비언어적인 대화를 이해하고 아동이 필요한 것을 예상하고 돌봐 주는 것에 아주 능숙해질 것이다. 하지만 아동을 기다리고 먼저 최선을 다해서 의사소통을 시도할 수 있게 돕는 것이 중요하다. 또한 시각적 촉진(prompting)이나 신호를 사용하여 보이는 것에 대해 알려 준다(예: 노란 불=경고!). 말을 사용하거나 목소리를 높이는 것은 종종 상황을 악화시킬 수 있다.

의사소통/사회성을 창조적으로 이끌어 내기

ASD 아동의 전반적인 목표는 촉진 없이 스스로 의사소통하고 사회적 상황에서 활동할 수 있는 것이다. 아동에게 구어적으로 요구하지 않고도 이런 행동을 장려하기 위한 여러 다른 방법을 마련하려고 시도한다. 모르는 척하기(아동이 원하는 반응을 할 때까지 이해 못하는 척하기), 광대짓 하기(아동을 참여시키기 위해 유치함이나 정서적 충격 사용하기) 그리고 고의로 방해하기(아동의 관심을 얻기 위해 활동을 중단하거나 바꾸기)는 좋은 전략이다. 또한 아동이 당신 또는 동료에게 다가가지 않는 한 자신이 원하는 재료를 얻을 수 없도록 미술 활동을 구조화한다. 기대를 과장하는 것은 모든 아동의 배움을 가능하게 하는 좋은 방법이다.

자기모니터 및 좋은 모범을 설정하기

치료사가 ASD 아동의 행동 중 감소시키려 하는 행동(예: 허락 없이 물건 가져가기, 눈을 안 맞추기 등)을 오히려 보여 주고 있지는 않은지 자신을 점검해 본다. 어른이 행동으로 좋은 모범을 보여 주는 것 또한 생산적인 교육 시간으로 바꾸는 것이다. 또한 ASD 아동은 신경학상으로 전형적인, 즉 일반 아동보다 종종 더 직접적이거나 더 정확하게 어른들이 말하는 것을 모방하고, 치료사의 태도와 에너지 수준에 기거하여 응답한다.

ASD 아동의 가족 문화

ASD 아동의 가족이 아닌 경우, 즉 ASD와 관련하여 일상적인 경험이 많지 않은 경우, 치료사로서 효과적인 조력자가 되기 위해서는 무엇보다 함께 일하는 아동의 삶의 배경(아동의 ASD가 가족에게 주는 영향 포함)에 대한 이해를 얻는 것이 중요하다. 다음은 이 절과 관련된 내용을 저자의 대학원 논문에서 몇 단락 발췌한 것이다. (가족) 문화의 설명은 대부분 전체적인 좋은 그림을 그려 주지만 일반적인, 즉 표준에서 벗어난 다른 가족이 존재할 수 있다는 점을 항상 기억해야 한다.

ASD 아동의 문화는 그들이 세계와 상호작용하는 방식 그리고 세계가 그들과 관계를 맺는 방식의 현저한 차이로부터 큰 영향을 받는다. 아동이라는 점 그리고 장애인이라는 점에서 ASD 소년 또는 소녀는 종종 가족에 의해 사회에서 격리 보호된다. 교사와 치료사는 비록 아동의 사회성 결핍과 감각의 예민함이 좌절감을 주고 힘든 여정이 되지만 통합적인 문화 활동에 ASD 아동의 참여를 적극 장려한다. ASD의 영향을 받는 사람의 삶의 문화적 이해를 위해서 자신과 타인을 포함한 정기적인 ASD에 대한 교육, 권리와 정당한 사회적 입장 및 연구에 대한 지지, 그리고 의료 및 사회복지 서비스 조직들과의 협상이 필요하다.

사회적 관계를 만들고 유지하는 것에 어려움을 느끼는 것은 ASD의 분명한 특성 중 하나이다. 우정－친구 관계의 기술이라고

할 수 있는 상호관계, 동정 그리고 공감은 ASD 아동에게는 엄청
난 도전이자 과제이다. '마음 이론'이란 자기와 타인을 다른 생각
과 의견을 담고 있는 마음을 가진 생각하는 존재로 이해하는 능
력을 말하며, ASD를 가진 사람의 결핍된 특성으로 함축될 수 있
다. ASD를 가진 사람들은 일반적으로 규칙적이고 통상적인 틀 안
에서 일상적인 생활을 하는 것을 편안해하며 자신의 개인적 세계
로 새로운 사람들을 데려오는 것을 선호하지 않는다. 대상에 따라
(예: 모르는 낯선 사람 vs. 가족 구성원) 적절한 교류를 하기 위해
적합한 기술을 연마하고 행동을 배우는 것이 사회적 상황 안에서
필요하다. 이런 사회적 상황에 대한 이해 부족은 ASD를 가진 사람
들의 전형적인 결핍이기 때문에 이런 식별력의 필요성을 이해하
는 것이 필요하다. 또한 이런 특성이 ASD를 가진 사람들로 하여금
다수 문화에 참여하고 또 자신만의 강점과 약점 등을 살려 독특한
문화(예: 청각장애인 문화 등)를 세우거나 양성하는 것을 극도로
어렵게 만든다.

모든 ASD 아동의 문화는 아동이 태어난 가족 안의 의식(rituals)
과 일상적인 틀 안에서 생겨난다. ASD로 진단되는 보편적인 행동
은 주로 아동이 태어나고 몇 해 후에 일어나는 일이며, 이는 첫 몇
년간 아동의 신체 모습으로 판단할 수 없다. 따라서 많은 부모는
전형적인 아동의 모습이라 생각하며 아동을 양육하다가 아동의
증상이 시작될 무렵 많은 두려움과 혼란을 경험하게 된다. 아동과
함께한 모든 포부와 기대(바람, 꿈, 아동의 미래에 대한 열망 등)
는 엄청난 충격을 주는 진단과 함께 쇼크와 부인/부정으로 연결된
다. 가족들은 아동과 관련된 '상실(loss)'에 대한 슬픔의 기간(때론

몇 달이 걸리거나 몇 년이 걸릴 수도 있다)을 경험하고, 어렵지만 '새로운' 아동을 가족의 삶에 받아들이고 이에 대한 요구를 수용할 수 있는 길을 모색하고 찾아 발전시켜야 한다(Cohen & Bolton, 1993). 한눈에 알아볼 수 있는 장애를 가진 아동의 가족처럼 ASD 아동의 가족 역시 때때로 다수 문화와 사회로부터 스스로를 고립 시키는 경우가 많다. 이는 영구적인 부끄러움과 두려움이 섞인 마음 그리고 장애가 있는 가족 구성원으로부터 가족을 재구성하는 일시적인 영향이라고 볼 수 있다.

가족이 슬픔에서 벗어날 수 있다면, 아동의 장점과 관심에 투자하고 그에 맞는 특수교육을 제공하는 것으로 아동 중심 문화를 형성해야 한다. 미국의 ASD 아동은 보편적으로 학교와 집을 오가며 부수적인 치료와 레크리에이션 활동을 가족의 시간과 자원에 맞게 활용한다. 예전에는 아동의 ASD 진단 원인이 잘못된 부모의 양육 태도, 특히 차갑고 냉정한 '냉장고 엄마(refrigerator mothers)' 때문이라는 오인과 그릇된 추측 때문에 부모들이 전문적인 도움을 기피하고 어려워하게 했다(Bettleheim, 1967). 하지만 과학적인 커뮤니티에서 이런 이론이 틀렸다는 것을 밝혀냈다. 그리하여 부모로 하여금 강압적인 부모 양육인 바로잡는 것(correcting)이 아닌 아이들의 행동을 조성하는 것(shaping)에 더 관심을 두는 치료사들과 협력하도록 격려하였다.

지난 20년 동안 미국 내에서 ASD로 진단을 받는 아동 수가 급격히 늘어났고, 그에 따라 ASD 관련 집단과 서비스에 대한 보편적인 대중적 참여(예: 로비, 모금, 가족 지지 그룹 등) 또한 늘어나 미국 사회에서 ASD에 대한 인식을 높였다. 예를 들어, 큐어 오티즘

나우(Cure Autism Now: CAN)[4]는 미국 시카고를 기점으로 하는 미국 내 전국적인 ASD 관련 기관으로, 매년 걷기 행사, 자전거 타기 행사, 콘서트 등의 모금 활동 및 캠페인을 통해 ASD 연구를 위한 일반인의 참여를 도모한다. 또한 미디어를 통해 ASD를 가진 사람들을 묘사하여 다른 발달장애와 구분되는 대표성을 알리고 대중이 널리 포용하고 배울 수 있도록 하였다. 이런 노력은 ASD에 대한 미국 내의 대중적 시각과 태도를 변화시키는 데 공헌하였고, ASD 아동과 가족들로 하여금 그 유명한 '벽장'을 뚫고 나올 수 있게 하였다. 또한 일체의 경비가 포함된 교육의 표준 규범과 국가적 법률을 통해 ASD를 포함한 장애를 가진 아동의 미국 문화 속 미술 등의 예술적 참여가 격려되고 높아졌다. ASD 아동 대부분 시각적 미디어와 연관된, 즉 미국의 팝 컬처(TV 쇼, 스포츠 및 대중가수, 만화 캐릭터 등)에 열광한다. 이들의 문화적 관심은 공동체적으로 집단에 관련된 관심이거나 사회적인 면이 아닌 단순한 매체적 결과물에 주로 초점이 맞추어져 있다. 이는 ASD를 가진 이들로 하여금 자신이 할 수 있는 방법으로 다수 문화에 참여하고 또 무언가를 만들어 내도록 격려한다. 예술은 문화적 정의(definition of culture)를 구성하는 필수적인 일부로서(Webster, 1962) ASD를 가진 이들의 예술적인 창작품과 전시는 귀중한 가치가 있는 사회적 공헌으로 받아들여져야 한다(Willloughby, 2003). (Martin, 2005, pp. 24-26)

---

4) 최근 미국의 자폐 관련 집단인 오티즘 스픽스(Autism Speaks)와 합병하였다(www.autismspeaks.org).

가족이 문화에 함께 참여할 수 있는 방법으로는 콘퍼런스에 참석하기, 자선 모금 행사에 참여하기, 아동의 재능과 노력을 전시하는 미술 전시회를 만들기 등이 있다. ASD 분야에 종사하는 많은 관련 전문가는 ASD 아동의 가족들이 'ASD 공동체'에 참여하고 '홀로 있다'는 생각이 들지 않도록 하는 것이 치료적이라고 믿는다. 하지만 하루 종일 ASD를 가진 이와 함께 살고 있는 많은 가족은 이런 참여를 너무 어렵거나 탐탁지 않은 것으로 받아들일 수 있다. 가족 문화는 고정되어 있지 않다. 진단 전의 가족 문화, 진단 후의 가족 문화, 그리고 가족 구성원 각각 상상하는 희망적 가족 문화 사이의 문제는 정해진 시점 없이 언제라도 스트레스를 일으킬 것이다. 결국 각기 다른 가족 문화가 중요시하는 가치와 신념이 (의료적 또는 심리학적 연구보다) 최종적인 대처 방법과 아동을 위한 치료 요법을 선택하는 것을 결정짓기 때문이다.

아무리 애정이 깊고 다정한 가족이라 할지라도 전문가의 추천을 따르지 않을 수도 있음을 항상 유의해야 한다. 그리고 그렇게 하는 많은 이유가 있다는 것도 잊어선 안 된다. 저자는 ASD를 가진 동생의 가족 구성원으로서, 또 이 분야에 종사하는 치료사로서 그동안 양쪽 모두가 겪는 불만과 좌절감에 대해 알고 있다. 부모는 자녀를 위해 도움을 구하는 것에 대해 좋기도 하고 나쁘기도 한 양가감정을 갖고 있다. 외부인을 데려와 도움을 구하는 것은 부모가 아동을 위해 모든 걸 할 수 없다는 것을 인정하는 것이고 또 거기서 비롯되는 실패의 감정을 털어내기가 어렵기 때문이다. 가족 구성원들은 진단 전의 정체성을 유지하고자 힘겨워할 수 있으며, ASD 아동을 돕는다는 것이 가족 구성원들이 더 많은 규제와 구조화된 환경을 만들기 위해 행동과 습관을 바꿔야 함을 의미한다는 것을 이해하기 어려울 수 있다. 가족 구성원들은 ASD 아동의 가족이 아닌 이상 정확히 '이해할 수 없다'는 (사실일 수 있고 사실이 아닐 수 있는) 신념을 바탕으로 종종 감정적이고 실용적인 이유에서 매우 배타적이다. 치료사와 교사는 아동의 가족이 제안을 수행하기 위해 필요한 충분한 지식이나 에너지가 없다는 것을 깨닫고 있지 못할 수도 있다. 치료사는 부모가 (여러 단기 목표를 중요시하는 동시에) 장기 목표를 세울 수 있게 도와주고, 슬픔 감정을 내색하든 안 하든 가족들이 슬퍼하고 있다는 사실을 간과하지 말아야 한다. 공감하는 협력자이자 교육자로서의 치료사의 역할은 탄탄한 관계를 맺을 수 있도록 해 주며, 아동과 함께하는 시간 이후로도 지속될 수 있는 기술을 보장할 수 있도록 도와야 한다.

지시적 vs. 비지시적 접근방법

지시적 접근방법(아동에게 프로젝트에 대한 명확한 제안이나 지시 제공하기)과 비지시적 접근방법(지시 없이 아동이 미술 활동을 하고 자연스럽게 일어나는 일을 지켜보기) 사이에서 결정하는 것은 언제나 사례 중심적(case-by-base), 또는 순간적(moment-to-moment)인 근거에 따라 이루어져야 한다. 그러나 일반적으로 지시적 접근방법은 ASD 아동의 요구에 부응하기에 가장 좋은 방법이다. 비지시적 접근방법을 사용하는 미술 활동은 아스퍼거 증후군 또는 전반적 발달장애(PDD-NOS), 고기능 ASD 아동에게 유익할 수 있다. 하지

만 대부분의 ASD 아동에게 비지시적 접근방법을 사용하는 미술 활
동은 별 소용이 없다. 일반적으로 아동은 지시나 보상이 있을 때 작
업에 더 집중한다. 그리고 집중력과 적절한 미술 놀이를 방해하는
증상을 경험하고 있는 아동에게 지시적인 방법을 사용하는 것은
필수적이다.

  개별화된 지시와 침범이 최소화된 촉진은 ASD 아동과 함께 작업할
때 가장 신뢰할 수 있는 규칙이다. '개별화된(individualized)' 지시란
각 아동의 수준(운동 근육의, 감각의, 발달의, 그리고 정서적인)에 맞
게 어른이 맞춤 제공을 하는 것을 의미한다. '침범이 최소화된 촉진
(least invasive prompt as possible)'이란 아동이 스스로 할 수 있도록
작업을 완료하기 위해 필요한 최소한의 직접적인 지원을 하는 것
을 의미한다. 침범이 최소화된 촉진에서 가장 최대화된 촉진, 즉 아
동을 직접적으로 지원하고 자극을 촉진하는 방법의 일반적인 분류
는 제스처/가리키기/두드리기(예: 페인트를 가리키기), 말로 하는 구
어적 촉진(예: "페인트를 가져와."), 시각적 촉진(예: 페인트를 가져오
는 사람의 그림을 보여 주기), 가벼운 손길/잡기(예: 손목에 가볍게 손
을 얹고 페인트로 인도하기), 또는 손 위에 손(예: 아동의 손과 팔을 잡
고 페인트를 가져오게 신체적으로 조종하기)과 같다. 아동이 강도 높
은 직접적인 도움을 필요로 한다면 낮은 침범의 자극과 높은 침범
의 자극을 같이 섞어 사용하고 아동이 스스로 작업을 잘하게 되면
높은 침범의 자극을 천천히 제거하는 것이 좋다(예: 아동의 손 위에
손을 올려놓으면서 "페인트를 가져와."라고 말하고 시간이 지나면 물리
적인 도움, 즉 아동의 손 위에 손 사용량을 줄이기). 최대에서 최소로 촉
진하기(치료사 빠지기)나 최소에서 최대로 촉진하기(필요에 따라 지

원을 늘리기)는 모두 효과적으로 미술 기술을 가르칠 수 있는 방법
이다. 한 가지 명심해야 할 것이 있다. 일부 아동은 그들의 감각 기
능이나 문제에 따라, 가벼운 손길 또는 그림보다 말로 하는 구어적
촉진이 더 자극적이고 침범적으로 느낄 수 있다. 따라서 여기서 '최
소한' 또는 '최대한'이라고 규정하는 것은 주관적임을 명심하라. 만
약 아동의 행동치료사와 연락이 가능하다면, 아동의 자극과 촉진
에 대한 더 명확한 정보를 얻을 수 있다.

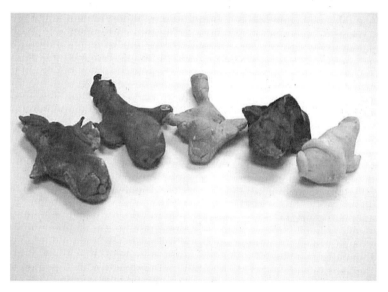

그림 6-2 최소한의 촉진을 사용한 물고기 만들기: 이 아동은 젖은 점토를 사용
하는 데 있어 다소 촉각적인 불편함과 모델링에 시공간적인 어려움이 있었다.
손 위에 손 지원과 시범으로 시작해서 점점 지원을 줄이는 방법을 사용했다. 마
지막 물고기는 모든 물고기 중에 가장 투박한 모양이지만, 아동 스스로 만들었
다는 점에서 단연 가장 최고의 작품이다. 작품이 어떻게 만들어지는지에 대한
명확한 예상 없이 아동이 작업을 하고 어른이 자신의 작품을 수정하는 것보다
이러한 방법으로 작업하는 것이 아동에게 최소한의 좌절감을 줄 수 있다.

ASD 아동과 미술을 할 때 지시는 중요하지만 너무 공식에 따라 아동을 대하는 것을 주의해야 한다. 발달장애 아동을 위한 치료 중 통상적으로 '워크북 접근(workbook approach)'이라고 부르는 것이 있다. 워크북은 유용한 도구일 수 있다. 특히 다른 사람과 공유할 수 있는 '가장 좋은 방법'이며, 또 생각이 막혔을 때 두뇌를 일깨우기 위한 자극으로도 좋다. 하지만 미리 계획된 지시로 사용하면 치료에 위협이 되는, 즉 치료 효과의 발목을 잡을 수 있고 또 치료사의 아동에 대한 관심을 뺏길 수 있다. 아동의 미술 활동 과정을 적극 지원하되 아동의 작품에 지나치게 관여하지 말라. 어른이 미리 짜 놓은 계획은 결코 유익하지 않으며(특히 아동이 더 창조적이고 융통성 있도록 돕기 위한 거라면), ASD 아동은 더 철저하고 개별화된 지시가 필요하다. 따라서 이런 아동의 특성에 맞게 워크북 프로젝트를 변경해서 사용해야 할 것이다.

정반대로 들릴 수도 있겠지만, 지시를 제공하고 유도하는 것은 ASD 아동의 독립적인 작업 발달에 도움이 된다. 구조화하고 예상을 제공하는 것은 아동을 불안에서 해방시켜 주기 때문에 작업을 더 생산적이고 결실 있게 만든다. 촉진을 내재화하는 것(internalizing prompts), 즉 스스로 촉진하기(자기지시 방법 배우기)는 자신의 마음과 몸을 체계화하는 방법을 제공하고, 감각 혼란에 덜 집중하게 만들어 작업 자체에 더 집중하게 한다. 아이들은 천천히 배우고 터득하게 될 것이다. 연습하고 정보를 처리하는 시간을 충분히 주고 필요 이상으로 촉진하거나 자극을 주는 유혹에서 벗어나라. 치료사가 대부분의 작업을 한다면 아동에게 도움이 되지 않는다.

〈표 6-1〉 전통적인 촉진 유형의 범위

촉진 서열:

최대

손 위에 손(hand over hand): 아동의 손을 잡고 작업 내내 조정한다. 어른이 실제로 작업을 하는 동안 아동은 스스로 작업을 하기 위해 필요한 운동 기술을 경험할 수 있다.

가벼운 손길/잡기(light touch/hold): '조절하는 손길'이라고 부를 수 있다. 침착하고 제어된 움직임을 유지하기 위해서 어른의 가벼운 손길을 제공하는 것 또는 아동의 팔꿈치, 손목, 어깨 등을 잡는 것을 뜻한다. 예를 들어서 아동은 작은 압력일지라도 스스로 움직여야 하고, 때로는 스스로 그림을 그릴 수 있지만 어른이 해 주길 원할 수도 있다(아마 절제 또는 불안의 필요 때문일 수 있음). 이때 아동이 그리는 동안 가벼운 손길을 주는 것은 좋은 협상일 수 있다.

시각적 촉진(visual prompt): 아동이 참조할 수 있는 그림이나 작업에 관한 서면상의 지시를 제공한다.

구어적 촉진(verbal prompt): 단순한 말, 즉 구어적 지시 또는 명령하기이다(예: "우리 그림 그리자.").

제스처/가리키기/두드리기(gesture/point/tap): 아동에게 신호를 주기 위해 미묘한 명령(예: "앉아."라고 말하는 대신 의자를 두드리기, "그림 그리자."라고 말하는 대신 이젤을 가리키기)을 하는 것으로, 표정 또는 눈을 따라가기 같은 비언어적인 유도도 사용할 수 있다.

최소

어려운 행동을 관리하기

ASD 아동에 대해 이야기할 때 '어려운' 행동이란 증상적인 행동을 포함할 수 있다. 그러나 여기서 뜻하는 증상적인 행동이란 자기 자극 행동(손을 펄럭거리기, 눈에 보이게 반복하는 움직임/소리/물건 옮기기, 흥얼거리기, 앞뒤로 몸 흔들기, 손 비틀기, 발끝으로 걷기, 돌기 등) 또는 아동 자신이나 다른 사람에게 해로운 행동(발작, 잡아끌기, 꼬집기, 긁기, 머리 잡아당기기, 머리 쾅쾅 박치기, 주먹으로 쾅쾅 치기, 펀치, 물기 등)을 구체적으로 의미한다. 기본적으로 참을 수 없거나 학습을 방해하는 행동을 뜻한다. 아동을 잘 알게 되면 아동의 특정 행동을 촉발하는 특정 계기가 무엇인지, 또 어떻게 아동을 도울 수 있는지를 아마도 깨닫게 될 것이다. 하지만 일반적인 관점에서 ASD 아동에게서 보이는 이런 어려운 행동의 통상적인 이유 두 가지는 의사소통장애 그리고/또는 감각 조절 부적응/실패이다.

모든 아동은 어린 나이와 미숙한 발달 때문에 의사소통에 결점이 있으며 이에 좌절하고 조급해하며 못 견딘다. ASD 아동에게는 이런 상황이 두 배로 부정적으로 다가온다. 치료사는 ASD 아동이 자신의 요구와 불만을 전달하는 실용적인 방법이 있는지 확인하고(이 장의 앞에서 나옴) 그들의 행동을 엄중히 관찰한다. 만약 감각 조절의 실패가 원인이라면, 즉 감각 시스템(너무 또는 덜 자극된 몸)이 행동을 유발한 것이라면, 환경을 검토하고 자극을 추가하거나 제거한다. 가능하면 아동 스스로 사회적으로 인정된 자신만의 방법으로 조절/진정할 수 있게 가르친다. 조기개입 시기는 의사소통이 아직 미성숙한 상태이기 때문에 행동을 관리/조절하는 것이 아직은 어려운 시기이다. 어른들은 여전히 언어적인 의사소통을 원하고 강조하며, ASD 아동은 자연스러운(ASD적인) 행동을 적극적으로 강력하게 바꾸려 노력하는 이런 어른들에게 익숙해지는 시점에 있다. 과도기는 어렵다. 변화 또한 어렵다. 아무리 친절하고 지지적인 상황이 뒷받침한다고 해도, 아동은 한동안 당신을 따르기를 꺼릴 수 있다. 당신은 그들의 편안함을 자극하고 있고 그것은 일반적으로 아동에게 달갑지 않은 상황이기 때문이다.

그렇다면 실제적으로 어떻게 행동을 통제할 수 있을까? 이를 위해서는 행동주의를 다시 공부하라. ASD는 현재 행동에 따라 정의된다. 그래서 많은 ASD 치료는 좋건 좋지 않건 행동주의적 연결 고리가 있다. 교사, 치료사, 부모, 그리고 ASD 아동과 일하는 모든 사람은 행동과학, 재활치료, 교육 등의 분야에서 출간된 연구와 필요에 따라 가족들이 만든 적응 방법에서 유래한 도구 및 테크니컬한 기술을 공유한다. 아동 행동 분석을 통해 이런 도구의 선택과 실행을 결정짓는 것은 무엇인가? 아니면 단순하게 물어, 이런 행동의 기능은 무엇인가? 무엇을 위해 노력하고 있는가? (미술교육자 Viktor Lowenfeld는 아동의 미술 활동에서의 동기부여에 대해 설명할 때 비슷한 추론을 사용했다). 비구어적인 의사소통을 해석할 수 있다면, 행동을 분석하고 처리하는 방법을 결정하는 것은 간단하다. 아동이 당신에게 휴식이 필요하다고 알려 주는가? 그들이 적절하게 표현할 수 있도록 도와주고 휴식을 취하게 하라. 아동이 부적절한 행동으로 관심을 얻고자 노력하고 있는가? 무시하라. 아동이 장난감을 가지고 놀기 위해 작업을 하기 싫어하는가? 먼저 작업을 완료하라고 강조하라. 시각을 사용하여 지시가 분명히 전달될 수 있게 하라. 대부분의 아동과 마찬가지로 일관성을 가지는 것은 아동의 행동 변화에 큰 영향을 미치고 반응을 유도하는 도움의 중요한 열쇠이다. 감각 자극에 대한 아동의 필요를 신체적인 욕구라고 생각하라. 아마 현재 욕구를 줄이는 유일한 개입은 약물치료일 것이다. 하지만 행동적 또는 감각적 기법을 통해 제한, 관리 및 대체 또한 할 수 있다. 다음은 몇 가지 제한 사항이다. 모든 아동은 다르고 치료사는 한 아동에게 맞는 방법을 찾기 위해 약간의 실험적 시도를 해야 할 것이다.

- 깊은, 진정시키는 숨 들이쉬기
- 마사지하기(손, 볼, 머리 등에)
- 관절 압박
- 꽉 끼는 압력/쥐어잡기(꽉 끼는 공간으로 들어가기, 침낭 이용하기, 아동을 담요에 말아서 잡기, Temple Grandin의 '꽉 쥐는 기계'는 치료적 학교 또는 클리닉에서 제공되고 있음)
- 가중 압력(가중 조끼, 가중 담요 등)
- 과도기를 준비하기 위한 타이머(모래시계, 디지털 등) 사용 혹은 큰 소리/손가락으로 초 읽기
- 전정 입력(진동/움직임의 감각)을 제공하기(예: 그네, 차 또는 말 타기)
- 방을 어둡게 또는 밝게 하기
- 청각 입력을 줄이거나 추가하기(조용한 방으로 이동하기, 음악 틀기, 비언어적인 지시 주기)

- 소근육 활동(점토 꽉 쥐기, 크레용으로 두드리기 등)
- 대근육 운동 활동(달리기, 뛰기, 간질이기 등)
- 치료사의 감정 수정(높은, 활발한 vs. 낮은, 진정된)
- 간식 또는 음료 먹기
- 유동적/축축한 감각(로션, 핑거 페인트, 물 쟁반) 입력
- 회기 전에 낮잠 자기
- 회기 전에 수영, 그림 그리기, 요가 등과 같은 활동 조절/절제가 가능한 개입적 놀이/운동하기
- 감각적 충격(예: 문 쾅 닫기, 시끄러운 청소기 소리, 소리 지르기 등)을 피하기

어떤 개입이 아동을 진정시키고 집중시키는 데 도움이 된다 해서 아동이 그것을 선호한다는 의미는 아니라는 것을 명심하라(비록 허용하고 견딜 수 있긴 하다). 선호하는 활동(텔레비전 보기, 장난감 돌리기 등)은 아동의 현재 감각 상태와 일치하지만 이를 악화시켜 종종 조절의 실패/부적응적 활동이 되기 때문에 적절하게 조금만 허용되어야 한다. 이는 행동으로 옮기는 것보다 말이 더 쉽지만 그래도 꼭 목표로 선정되어야 한다. 미술 재료 또한 이런 행동을 유발할 수 있다. 따라서 아동한테 부적절한 감각 조절의 어려움이 있는 재료는 아동이 그것을 사용할 때 벌을 받는다는 느낌이 들지 않도록 손이 닿지 않는 곳에 보관하라. 앞에 나열된 개입법들의 일부는 한 아동에게 적용될 수 있지만, 다른 아동에게는 적용되지 않을 수 있고, 또 다른 아동에게는 간헐적으로 적용될 수 있다. 어떤 사람에겐 진정시키는 방법이 다른 사람에게는 활기를 북돋우는 방법이 될

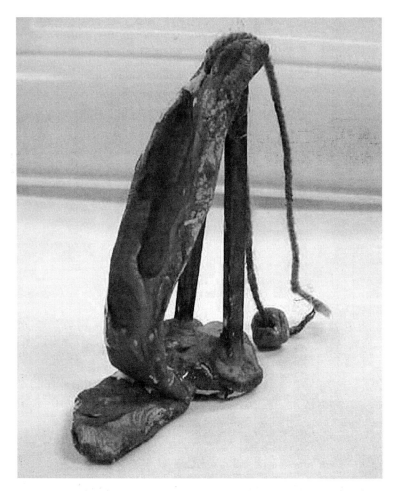

그림 6-3 아동이 자기 스스로 보상하고 반복적인 관심을 바꾸기 위해 미술을 이용하게끔 하기: 이 작은 조각품은 몇 주 동안 엘리베이터와 워터 슬라이드에 대한 생각에 완전히 사로잡혀 있던 한 아동이 만든 것이다. 어떻게 간단한 슬라이드를 만들 수 있는지 보여 주고, 잘한 일(엘리베이터와 슬라이드에 대한 얘기를 하지 않기)에 대한 보상으로 가지고 놀기를 허용했다.

수 있다. 여기서 각각의 아동에 대해 잘 아는 것이 비결이다. 이상
적으로, 작업을 통해 아동의 변화를 돕고 좋은 행동을 유지하기 위
해 이런 기술을 사용한다. 따라서 어떤 갑작스러운 분출을 방지한
다. 하지만 대부분의 경우 제어적인 수습책으로 사용된다. (더 많은
아이디어를 위해 뒤에 나오는 '적응' 부분 참조)

　행동 조절은 당신을 기쁘게 하거나 좋은 인상을 줄 필요가 없
는 아동에게 변하고자 하는 동기 또는 바람이 없음에도 불구하고
그들 자신의 일부를 바꾸라고 조르는 것을 뜻한다. 그러므로 아
동이 즐길 수 있는 또는 원하는 것과 자기조절 활동(self-regulating
activities)을 같이 제공하거나 보상하는 것(그래서 모든 성공적인 작업
이 탄생함)은 매우 중요하다.

　행동주의자는 이를 심리강화물(reinforcer)이라고 부른다. 바람
직한 행동을 강화하고 부정적인 행동을 체계적으로 감소시키기 위
해 심리강화물을 사용하라. 대학에서 기본 심리학 101 수업을 들
은 사람들이 배운 것처럼 강화에는 두 가지 유형이 있다. 정적 강화
(positive reinforcement, 사탕이나 미소 같은 원하는 것을 제공하는 것)
와 부적 강화(negative reinforcement, 아동이 야채를 먹지 않는 것을 허
용하거나 작업을 일찍 끝내는 것을 허락하는 것 같은 원하지 않는 것을
소거하는 것)가 그것이다. 아동에게 가장 잘 맞는 방법을 선택한다.
물건으로 설명하자면, 일차 심리강화물(primary reinforcers, 음식, 감
각 입력)과 이차 심리강화물(secondary reinforcers, 뭔가를 대신하는
것, 예를 들어 사탕으로 교환할 수 있는 토큰)이 있다.

　심리강화물과 사회적 칭찬을 항상 같이 사용한다(최종적으로 사
회적 칭찬이 유일하고 필요한 강화가 되어야 한다). 그리고 이상적으로

아동이 특별히 무설탕, 무식품 염료, 글루텐 프리 식이 요법을 하고 있을 수 있으니 주요 심리강화물을 사용하기 위해서 가족의 승인이 필요한지 확인해야 한다. 아동이 작업보다 심리강화물을 더 즐기지 않게 주의하고, 아동이 강화물에 너무 몰두한 나머지 다시 작업으로 돌아오는 것이 힘들지 않게 강화 기간을 짧게 유지하는 것이 중요하다(행동주의자는 실제로 강화의 특정 간격을 구성한다). 아동과 미술을 하는 경우, 아동에게 미술은 종종 작업이자 상이기 때문에 강화에 약간의 이점이 있을 것이다. 동기 부여를 위해 강화물이 필요하지 않거나 상으로 다른 미술 프로젝트(줄무늬 또는 무지개 그리기 같은 반복적인 무언가를 하는 작업)를 선택할 수 있다. 하지만 이런 경우는 가끔만 적용되기 때문에 당연하게 받아들이면 안 된다. 여전히 많은 아동을 위해 비예술적 심리강화물을 사용해야 한다. 최근 들어 대부분의 전문가와 부모는 적어도 부분적으로 행동주의 원리를 활용한다. 그리고 응용행동분석은 ASD 아동에게 가장 성공적인 치료 중 하나이다. 미술 프로젝트와 같이 재미있고 아동이 흥미 있어 하는 활동을 하면서 행동주의 원칙을 배우고 적용하는 것은 미술치료가 가진 장점이다. 견고한 지지는 아동이 자신이 편안함을 느끼는 작업에서 벗어나 작업하고 발전에 도전하는 과정에서도 미술 활동을 즐길 수 있게 보장할 것이다.

적응

적응이란 어른의 행동, 환경, 재료의 변화를 포함하는 배움을 용

깃털

마커/사인펜

풀   테이프

그림 6-4 라벨 붙이기/정리하기(labeling/ordering): 독립적인 작업을 장려하기 위해 작업 공간 안에 시각적인 라벨(사진 및/또는 글이 있는)을 사용하여 재료를 정리할 것을 권장한다. 심지어 환경에 라벨을 붙이는 것도 도움이 된다(예: 방의 다른 부분을 위한 다른 색상의 의자, 기능이 다른 장식장의 각기 다른 색상). 아동이 수행하고 싶은 작업을 선택하는 데 도움을 주기 위해 치료실 장소 내에서 다른 작업 공간에 라벨을 붙일 수도 있다. 이 모든 것은 아동이 정리할 수 있도록 지시를 제공하고 의사소통을 도와준다.

그림 6-5 시각적 경계(visual boundaries): 아동의 미술 프로젝트(예: 종이를 칸으로 나누기, 책상에 개인 공간의 범위를 만들기 위해 마스킹 테이프 붙이기)와 환경(예: 주의를 흐트러뜨리는 방의 부분을 막기) 내에서 시각적 경계를 제공하는 것은 아동의 집중력을 향상시키거나 대응하기 힘든 프로젝트를 좀 더 다루기 쉽게 할 수 있다. 종이를 칸으로 나누는 것은 아동으로 하여금 '감정'이란 주제를 더 쉽게 받아들일 수 있게 만든다.

그림 6-6 물리적인 수정(physical modifications): 적절한 도구의 사용을 장려하기 위해 재료의 변경을 도모하는 것이 필요하다. 수정된 물건을 구입할 수도 있고(적응적 가위 등) 직접 만들 수도 있다(테이프로 감아서 도구의 표면적 늘리기, 크레용을 작은 조각으로 부수기 등). 이 경사판은 바인더로 만들었다. 바닥, 책상, 이젤, 또는 벽에서 작업하는 것을 선택하는 것도 물리적인 수정이다.

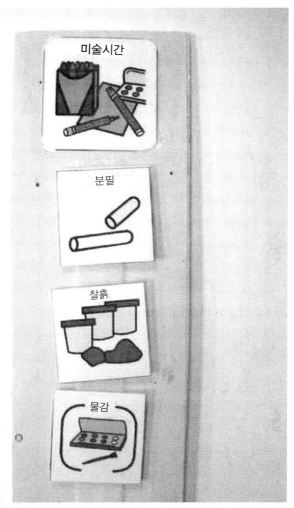

그림 6-7 시각적인 시간표(visual schedules): 이런 시간표는 미리 예상할 수 있고 이행 시 불안을 줄일 수 있다. 무한한 종류의 시간표가 가능하다. 시각적인 시간표는 그림(미리 만들거나 순간적으로 그린) 및/또는 단어, 수직 또는 수평의, 토큰 시스템 및/또는 상/감각 휴식 시간 추가하기, 아동의 상호작용 허용하기(줄을 그어 지우기, 활동에 대해 요약하여 적어 넣기 등), 긴(한 회의기, 하루, 또는 일주일 동안의) 또는 짧은(예: 처음은 점토, 그다음엔 놀이 휴식) 형식 등을 포함할 수 있다. 시간표는 정리되고 분명하며 예상 가능하게 만든다. 필요하다면(해당되는 경우) 아동과 협상하는 것이 중요하다.

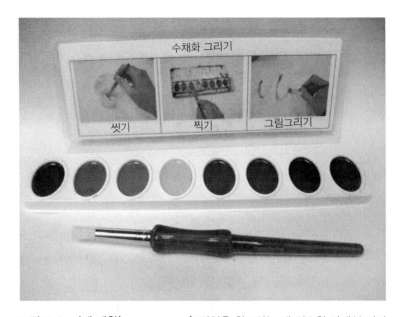

그림 6-8 과제 계획(task planning): 작업을 완료하는 데 필요한 단계/순서의 사진은 불안을 줄이고 독립적인 작업을 장려한다. 붓 씻기 같은 간단한 임무 또는 인형 만들기 같은 여러 단계의 프로젝트를 위해 사용할 수 있다. 디지털카메라는 특정하고 개별화된 순서의 사진을 찍을 때 좋은 도구가 된다.

이하게 돕는 그 어떤 유용한 변화를 뜻한다. 여기서는 이 책의 다른 부분에서 포함되지 않았던 적응, 특히 시각적인 적응과 재료 수정에 대해 중점적으로 논의할 것이다. 이는 시도되었던/사실상의 적응 목록(a list of tried-and-true adaptations)이긴 하지만 폭넓은 목록은 아니기 때문에 더 창조적이고 새로운 아이디어를 생각하는 것을 두려워하지 말라. 다시 말하자면, 모든 아동은 다르다. 사실 여기 나열된 아이디어 중 어느 것도 저자의 것이 아니다. 할 수 있다면 공을 돌릴 곳을 찾아 줄 수 있지만, 여기 설명되는 기법들은이미 통상적이며, 수십 년 동안 많은 대학에서 발전되고 개선되어 왔다.

모든 적응을 임시적으로 고려하여 계획하라. 아동이 반복되는 적응에 의존적일 수 있고, 이는 활동을 지나치게 '계획'하게 만든다. 덜 침범적인 적응 혹은 촉진으로 서서히 유도되어 약화시킬 수 있을 때까지 이런 '적응'을 사용하라. 그림 카드는 보드메이커(Boardmaker)ⓡ 같은 컴퓨터 소프트웨어, 디지털 사진, 또는 직접 그리는 방법으로 만들 수 있다.

그림 6-9 의사소통(communicating): 아동이 구어적 소통, 즉 말에 반응을 잘 해도 때로는 시각적 언어와 같이 할 수 있다. 아동이 조절하는 도움이 필요할 경우 청각(말)을 제거할 수 있고, 아동의 사회성 기술이 서툰 경우 당신에게 더 집중할 수 있도록 하기 위해 제스처/몸짓/얼굴 신호를 사용한다. 단순한 수화(예: 예, 아니요, ~해 주세요, 고맙습니다. 더, 그만, 주세요, 안녕하세요, 안녕, 잘 가, 미술, 페인트, 색상 등)를 알고 말과 함께 구사한다. 아동이 활동을 선택할 수 있게 그림 카드의 '단어' 양을 유지하고, 아동이 말을 할 수 있어도 하나의 의사소통 방법이 항상 아동에게 충분한 방법이라고 생각하지 않아야 한다.

안전 문제

때때로 ASD 아동의 행동이 공격적이고 위험한 경우가 있다. 모든 ASD 아동이 공격적이지는 않지만, 많은 아동이 조만간 난폭한 행동을 할 가능성은 있다. 따라서 이에 따른 준비와 대처 계획이 필요하다. 진정을 할 수 없다면 좌절하고, 겁먹고, 화가 나고, 충동적이 되어 버리는 ASD 아동은 그들을 화나게 한 원인이 되는 대상에 대해 긁기, 때리기, 차기, 머리카락 잡아당기기, 물기, 밀기와 같은 공격 행동을 가할 수 있다. 아동을 이렇게 만드는 것은 작업을 권하는 치료사일 수도 있고, 야채를 먹이려는 엄마일 수도 있고, 상처에 붕대를 감아 주려는 의사 선생님일 수도 있고 불행하게도 자신이나 보호자 가까이서 느낄 수 있는 따뜻한 몸의 체온이 될 수도 있다. 아무리 어린 아동이라 할지라도 아동의 난폭한 행동을 대수롭지 않게 생각하거나 최소화시키지 말아야 함을 강조한다. 아동이 아직 작고 어린 경우라면 이런 거친 행동을 처리하는 것이 훨씬 쉬운 게 사실이다. 하지만 작은(보통 남아) 몸은 곧 강하게 자랄 것이고, **지금이 아니면** 이런 거칠고 난폭한 행동이 받아들여질 수 없는 행동이라는 것을 배우는 것이 더 어렵기 때문에 손상이 최소인 지금 어린 시기에 자신의 행동이 용인받기 어렵다는 것을 배울 필요가 있다. 작지만(꼭 체구가 작아야 하는 것은 아니지만) 공격적인 아동이 다른 아동을 다치게 하거나, 어른의 안경을 깨거나, 부모가 운전하는 도중 차 사고를 일으키게 하기에 충분하기 때문에 이런 행동은 꼭 수정이 필요하다.

그림 6-10 먹지 마세요!: 사진은 중요한 메시지를 분명하게 전달할 수 있게 도움을 준다(이런 말을 매번 하지 않아도 되게 한다).

아동이 공격적인 행동을 하고 앞서 언급한 자기진정 개입 및 적응을 시도하였을 뿐 아니라 '타임아웃(time-out)' '휴식 시간(rest time)' 또는 다른 개입을 시도했음에도 아동을 통제하는 것이 불가능하고 아동 스스로를 다치게 할 것이라고 의심되는 경우, 아동이 자신을 다치게 하는 것을 방지하기 위해 아동을 (끌어안아) 잡아서 안정시켜야 한다. 이때 진정하고 화를 내거나 언성을 높이지 않는 것이 중요하다. 강하면서도 친절한 태도를 유지한다. 올바르게 아동을 (끌어안아) 잡는 것과 필요할 경우 압을 사용하는 방법에 대한 교육을 받는 것(아마 병원이나 학교를 통해)도 좋은 방법이다.

만약 아동이 당신을 해하려 한다면 방어를 하는 것보다 오히려 상황을 피하는 것이 가장 좋은 방법이지만, 이럴 경우 아동을 충분히 눈으로 관찰할 수 있도록 적절하게 가까운 거리를 유지하라. 처벌(일반적으로 강화물을 주지 않는 것을 의미한다)은 즉각적인 상황에 도움이 되지 않는다. 사실 아동이 스스로 진정할 수 있는 법을 배우도록 도움을 주기 위해 모든 작은 긍정적인 자기진정 시도를 보상하는 강화 빈도를 더 많이 늘려야 할 것이다. 무시하기는 당연하게도 안전 문제에 있어서 절대 좋은 생각이 아니다.

공격적이고 자학적인 행동 외에 꼭 알고 있어야 하는 다른 안전 문제에 관한 것은 아동이 발작장애(seizure)가 있거나 먹을 수 없는 것을 물거나 먹는 '이식증(pica)' 행동을 보이느냐는 것이다. 아동에게 발작 증세가 있는 경우 가족이 그에 따른 행동 대처 계획을 알고 대응할 준비가 되어 있는지 확인하고 충분한 준비와 연습을 하게 하라. 최신 응급 처치/CPR 자격증을 유지하는 것은 매우 중요한 것으로 권장된다. 또한 비상시에 들어 올릴 수 없는 청소년 또는 어른과 함께 일하는 경우에는 주위에 필요시 도움을 줄 수 있는 다른 어른이 있어야 한다. 미술 재료 중 상식적인 판단 선에서 유리, 도자기(세라믹), 석유를 기반으로 한 재료 등은 이식증을 가진 아동에게 주지 말라. 재료의 구성요소를 공부하고(제5장에서 권하는 책 참조), 재료가 무독성이라 하더라도 음식이 아니기 때문에 먹거나 입에 넣는 것은 삼가야 한다. 어떤 구성요소는 피부를 통해서 흡수될 수 있기에 이를 염두에 두어야 한다. 아동이 특별한 식이 요법을 하고 있거나 알레르기가 있는 경우 어떤 재료를 만지거나 냄새를 맡는 것만으로 위험할 수 있다.

당신이 아동의 부모가 아닌 경우 폭력 또는 비상 상황에서 최우
선 순위는 자신을 안전하게 지키는 것이다. 신체적인 온전함을 걸
고 일하는 것이 교사나 치료사의 의무는 아니며, 또 다른 학생들을
위해 에너지를 분배하여야 한다. 다정하고 자기희생적인 사람이라
면 이런 얘기를 듣고 실천하는 게 어렵다는 것을 알고 있다. 이렇게
쓰면서도 치료사로서 완전히 받아들이기 쉽지 않다는 것을 안다.
아동이 난폭하게 행동할 때 아동을 '저지'하고 싶은 욕구를 느끼고
패배감을 느끼게 될 것이다. 이런 아동의 행동이 임무 회피(task-
avoidant)의 의도를 지닌 경우 아동으로부터 물러서지 말라. 하지
만 한계를 알고 자기보호를 하며 권한을 행사하라. 치료사로서 아
동에 대해 어떤 것을 예상해야 하는지 알아야 하는 것처럼 부모와
동료들도 이런 상황에서 치료사인 당신이 어떤 행동을 할지 예상
하고 또 알고 있어야 한다(끌어안아 잡기를 사용할 것인가? 당신은 불
편해할 것인가?). 당신 자신과 치료실에 대한 '사전 준비 확인(pre-
flight check)'(예: 안경 대신 콘택트렌즈 쓰기, 머리를 뒤로 묶기, 바지 입
기, 깨지기 쉬운 물건을 손이 닿지 않는 곳에 놓기, 범위 내에 강화물 놓기
등) 작업을 통하여 발생할 수 있는 문제를 최소화하고 개인적으로
받아들이지 말라. 아동이 해를 끼치기 위해 의도적으로 난폭해지
는 것은 드문 일이다.

문화의 차이

문화적 요인은 ASD 아동의 직계가족의 영향부터 그들이 받는

서비스 종류와 품질까지 모든 면에서 영향을 미친다. 장애를 가진 아동을 훈육하는 방법, 무엇을 가르칠지 정하고 지식의 가치를 결정하는 것 그리고 가정환경의 감각 입력(소리, 공간, 음식 등) 은 모두 ASD 아동의 증상에 영향을 미치는 문화적인 결정이다. 심지어 가족의 종교 개념은 이런 아동을 어떻게 받아들이고 대우할지에 영향을 미친다. 치료사와 교사는 자신과 학생의 가족 그리고 심지어 동료 사이의 문화적 차이를 자주 발견하게 될 것이다. 하지만 이런 차이를 반드시 식별하지 않아도 된다. 당신 스스로에게 '당신의 추천은 아동의 가족 문화적 관점에서 실용적이거나 가치가 있는 판단으로 보이는가?' '동료와 혹은 아동의 부모와의 의견 차이는 연구에 근거했는가, 아니면 문화적 가정에 근거했는가?'와 같이 물어보는 것이 필요하다.

ASD 자체는 가족에게 영향을 미칠 때 차별을 하지 않지만 치료에 대한 접근 권한은 모든 아동에게 똑같지 않다. 사회경제적 차이와 미국 내의 부의 합병의 증가는 수백만 가족에게 영향을 미치고, 그중 수천의 ASD 아동이 있으며 자원은 예후에 영향을 미친다. 서양인 독자를 대상으로 글을 쓰는 미국인 작가로서 문화적 가정을 말하자면, ASD 아동은 고품질의 전문적 교육에 대한 권리가 있고 [미국 장애인법(Americans with Disabilities Act)에 명시됨] 이 분야의 전문가는 서비스를 제공하는 것이 임무이다. 하지만 이와 다르게 믿거나 행동하는 가족 또는 전문가와 만날 수 있는가? 그리고 누가 '고품질' 서비스가 무엇인지를 결정하는가? 지역적인 차이는 ASD 아동을 위한 최고의 치료가 어떤 것인지에 대해 결정하고, 이는 종종 지역의 선구적인 인물의 관점에서 나온다. 예를 들어, 이 책은 행동주의적 발달심리학의 견해에 영향을 받았고, 영국에서 쓰인 Evans와 Dubowski의 관련 서적 『말을 넘어서: 자폐스펙트럼의 아동과 미술치료(Art Therapy with Children on the Autistic Spectrum: Beyond Words)』(2001)는 대상관계 이론에 영향을 받았다. 그렇다면 여기서 두 가지 접근법이 결과를 얻는다면 누가 더 정확한 관점이라 말할 수 있는가?

ASD 아동을 돕기 위해 아무리 잘 의도되고 계획된 교육을 받았다 해도, 문화는 우리 관점의 렌즈에 색을 입힌다. 이 사실을 항상 고려해야 한다.

미술에 관한 민감한 문제

미술은 놀랍게도 민감한 주제가 될 수 있다. 긍정적인 관점 이외로는 미술을 생각하지 않았던 시절, 초년생 미술치료사로서 저자가 처음 이 분야에서 일을 시작할 때 이러한 깨달음이 기습하였다. 첫째, 일반 대중은 미술치료에 관해서도, ASD에 관해서도 잘 모르고 있고, 그들의 낯선 지식으로 무언가를 짜 맞추고 이해하려고 노력하기 위해 종종 많은 오해를 불러일으킨다. ASD 아동의 가족들은 미술치료사의 일이 아동의 그림에 대해 정신분석을 하는 것이라고 생각하고(그렇지 않다), 또 아동의 발달지연을 보이는 작품을 가지고 ASD보다 더 어둡고 심리적인 장애로 잘못 진단할 것이라고 종종 걱정한다. 치료 상황에서 만들어진 아동의 그림은 미디어에 의해 신화적으로 해석되고 있고(심지어 공포/서스펜스 영화에 병리적으로), 그렇기에 미술치료에 대해 적은 지식을 가지고 있는 어른들이 경계하고 조심하는 것이 놀라운 일은 아니다. 둘째, 많은 가족은 아동이 미술을 '할 수 없다'고 생각한다. 일반적인 믿음으로 창조성은 가지고 있거나 없는 것으로 받아들여진다. 대부분의 사람은 어릴 때만 미술을 접하고('화가' 지망인 경우를 제외하고는), 커 버린 많은 어른은 자신의 그림 실력과 창조성을 하찮게 보는 것을 자주 엿볼 수 있다. 직업으로 미술 관련 활동을 결정한 사람들, 즉 예술가의 길을 걷는 사람들은 때로는 사회의 평가절하를 느끼고 생계를 위해 꿈을 포기하는 경우도 있다. 이런 편견 때문에 심지어 예술가인 부모조차 ASD 아동과 미술 활동을 공유할 수 있다는 것을 깨닫지 못할 수도 있다.

   마지막으로, 그리고 가장 관련된 민감한 부분으로, 아동들이 만든 작품은 장애를 눈에 보이게 하고 차이를 전시하기 때문에 사람들을 까다롭게 만든다고 생각한다. 미술 작품은 실체적이고 구체적이며 눈앞에 존재한다. 또한 그림은 아주 잘 그리는 반면 배변 훈련은 아직 되지 않은 아동의 부모, 또는 모든 ASD 아동이 Rain Man처럼 그릴 수 있다고 생각하는 사람들을 정기적으로 만나지 않지만, 기능이 전혀 따라 주지 못하는 아동의 부모에게 그림 그리기, 즉 미술 영역은 쓴 주제가 될 수 있다. 가족에게 아동에 관한 모든 것이 영구적이지 않으며 미술 기술은 배울 수 있는 것임을 깨달을 수 있게 도우라. 미술이 아동이 실험을 할 수 있는 분야로 직접적인 작업이 표면상 보이는, 변화하고, 성장하며, 아름다운 것이라고 알려 주는 것이 필요하다. 그러기 위해서 전시회를 통해 ASD를 가진 사람들이 만든 작품의 매력과 강렬함을 보여 준다. 또한 어른들이 제4

장에 나오는 여섯 가지의 목표 분야에서 아동의 발전과 그 목표 달
성을 위해 치료사와 아동이 어떤 기술을 어떻게 사용했는지 이해
하고 인정할 수 있게 도와준다. 언어나 사회적 행동처럼 미술 활동
은 신경학상으로 전형적인, 즉 일반 아동이 쉽게 배우고 흡수할 수
있기 때문에 우리는 미술에 관련된 여러 기술을 당연하게 받아들
인다. 그래서 아동의 장애가 이 자연스러운 학습을 막았을 때, 아
동에게 그 기술을 가르칠 수 있다는 사실을 종종 잊어버린다.

혜택을 받을 수 없는 사람이 있는가

　미술은 모든 사람을 위한 것이 아니다. 하지만 경험으로 미루
어 보자면 ASD 아동의 필요와 행동에 맞는 미술 활동은 이 아동들
에게 좋은 혜택을 제공한다. 전혀 '관심이 없는' 아동이 단지 적절
한 구조적인 뒷받침이 제공되었을 때 가장 열정적인 고성능(high-
performing) 예술가로 발전하는 것을 보았으며, 또 자신의 신체를
조절하고 행동을 통제할 수 있게 된 저기능의 공격적인 아동이 조
직화된 낙서(organized scribbles)를 처음 할 수 있게 되는 것도 보았
다. 청소년 중에서는 단지 어렸을 때 적절한 시각적 지원을 받지 못
하거나 연습할 시간이 없었기 때문에 그림을 그릴 수 없다고 생각
되었던 아이가 어른들을 놀라게 하는 것을 보았다. 그래서 결코 '절
대'라고 얘기하지 않는다. 단순한 목표를 가졌건 복잡한 목표를 가
졌건, 만약 미술 활동이 아동의 삶의 질을 개선한다면 이는 보람 있
고 가치 있는 일이다.

어렸을 때 했던 미술 활동을 기억하는가? 아마도 재미있고, 이 색상 저 색상을 써 가며, 이야기가 있고, 또 어른의 칭찬으로 가득했을 것이다. 하지만 어쩌면 실망스럽고 자기비판적이며 부서진 크레용으로 가득했을 수도 있다. 좋았든 나빴든 간에 이런 초기 미

그림 6-11 페인트하는 방법을 배우는 젊은 예술가로서의 저자의 모습

술 경험은 현재의 미술 활동에 대한 한 사람의 생각에 영향을 미친다. 자, 그럼 지금 당신이 손이 가려워 뭔가를 꽉 쥐어야 하는 아동, 색 패턴을 찾는 아동, 단어가 생각이 나지 않을 때 좌절감으로 비명을 지르는 아동이라고 상상해 보라. 즉, 미술이 필요한 아동이다. 몸이 의도와는 반대로 힘겹게 하고, 미술 재료는 동시에 겁을 주면서 흥분시키고, 옆에 있는 어른은 당신과 무엇을 해야 할지 모른다.

저자는 미술이 필요한 아이였다. 하지만 운 좋게도 저자는 인간이 가진 능력의 다양한 범위의 다른 쪽에 있었다. 저자는 많은 도움이 필요하지 않았다. 하지만 ASD를 가진 사람의 형제가 되었을 때 미술을 더 많이 필요로 하기 시작했다고 한다. 개인적인 안식처로 모두에게 이야기할 수 없는 감정을 해결하기 위한 미술이 필요했다. 누나가 되는 것은 두려움과 기쁨, 걱정과 희망의 복합적인 감정을 동반한다. 미술은 스스로에게 투자하는 방법과 상처를 도구로 바꾸는 방법을 가르쳐 주었다. 동생이 없었더라면 저자는 아마도 지금 이 책을 쓰는 것이 가능하지 않았을 것이라고 말한다.

예술가들은 강박관념을 이해한다. 예술가들은 감각 요구를 이해한다. 예술가들은 언어의 실패를 이해한다. 그리고 일부 어린 예술가는 ASD를 가지고 있다. 끝으로, 이 책이 아동들이 창조성에 접근할 수 있도록 도움을 주는 일의 중요성을 일깨워 주고 치료사로서 그 일을 하기 위해 필요한 도구를 보여 주는 데 도움을 주었기를 바란다.

부록 A

창조적인 공동체: ASD 아동을 위한 집단 미술 프로젝트

이 책은 ASD 아동과 함께 나이에 맞는 개별적인 작업을 할 수 있도록 하기 위해 치료적 미술 경험을 위한 조언과 자원을 제공한다. 하지만 아동의 학교 입학과 동시에 또래들과 성공적으로 교제하는 게 중요한 목표가 될 것이다. 미술 프로젝트는 사회성 기술 향상을 위해 집단적 환경으로 변환시킬 수 있다. 미술 재료는 아동이 종종 이 어려운 공동 작업에 좀 더 편안하고 즐기는 마음으로 다가갈 수 있게 한다. 일반적인 관점에서 이 단계에서 하는 공동 작업은 프로젝트를 위해 공동 목표를 제공하고, 사전 계획을 분명하게 하는 것이 필요하다. 이 프로젝트들은 조기개입의 목표를 뛰어넘어, 아동이 더 복잡한 작업이나 기술을 익힐 수 있도록 하는 다리 또는 디딤돌 역할을 할 수 있다(아동이 준비가 되어 있을 경우).

여기서는 그동안 초등학교 저학년 아동들과 함께 사용하기 위해 개발되고 쓰인 프로젝트를 설명한다. 일차적인 기본적인 목표는 사회성이며(미술적 기술 발달은 차선의 목표이다), 따라서 아동들이 연령에 적합한 수준의 그림을 그릴 수 있어야 할 필요가 없다(전도식기의 작업을 할 수 있는 한). 적응법과 시각적인 지원은 (이 책에 설명된 대로) 아동의 필요에 따라 사용할 수 있다. 새로운 프로젝트를 개발한다면, 신체적 및 구어적 상호작용, 집단 브레인스토밍, 사회성 기술 구축 그리고 우정을 장려하는 목표 중심으로 활동을 계획하되 미술 활동이 핵심에 있어야 한다. 언제나처럼 프로젝트는 특정 아동을 마음에 두고 계획하는 것이 가장 좋다.

프로젝트: 집단 벽화(그림자 따라 그리기)

목표: 신체 인식, 자세 취하기, 신체 언어 읽기, 신체 그림 그리기

필요한 재료: 벽에 붙은 큰 종이와 사인펜(또는 당신이 선택한 다른 그림 도구)

지침: 그림자 따라 그리기 기본적으로 몸(Body) 따라 그리기 활동이지만 더 적은 신체적 친밀감이 있어 아동들이 밀착에 더 편안할 수 있도록 돕는 좋은 방법이다. 불을 끄고 한 아동이 손전등을 잡고 비추고 있는 동안 다른 아동은 그림자를 만들기 위해 종이 앞에 선다. 그다음에 아동이 자기의 몸과 옷에 대한 세부사항을 그리면 된다(또는 다른 아동이 친구의 세부사항을 그리면 된다). 모든 아동의 벽화가 그려질 때까지 계속 한다. 집단 벽화는 아동들이 서로에게 집중하고 알아 갈 수 있게 하는 좋은 방법이다. 활동을 마친 후 벽화에 그려진 각 사람에 대해 대화를 한다.

🖐 프로젝트: 집단 벽화(몸 따라 그리기)

목표: 신체 인식, 자세 취하기, 신체 언어 읽기, 그림 그리기, 친밀함

필요한 재료: 바닥에 큰 종이와 사인펜(또는 당신이 선택한 다른 그림 도구)

지침: 아동이 선택한 자세를 취하고 종이에 차례대로 눕고 서로의 몸을 따라 그린다(안내와 그림 절제에 일을 하기 좋다). 그다음에 아동은 자기 몸의 세부사항을 그리거나 친구의 세부사항을 그릴 수 있다. 자신의 작품을 잘 볼 수 있게 종이를 벽에 붙이고 개별적으로 그리고 집단별로 그림을 묘사하고 서술하기를 격려한다.

🖐 프로젝트: 상상의 집단 벽화

목표: 상상력 및 추상적인 사고 기술, 동료에 대한 관심, 차례로 하기, 인내심, 협상, 공유하는 그림/주제에 대한 제어 상실(loss of control)

필요한 재료: 벽에 붙은 큰 종이와 사인펜(또는 당신이 선택한 다른 그림 도구)

지침: 벽화의 주제와 논제를 아동들에게 제공하는 것을 피하고 집단별로 하나를 생각할 수 있도록 격려한다. 주제와 맞는 방식으로 차례대로 벽화에 그림을 추가하고 이전의 그림과 이어 갈 수 있도록 격려한다. 이 프로젝트는 브레인스토밍을 볼 수 있는 기회일 뿐만 아니라 회상과 마음 이론의 도전을 위한 기회를 제공한다(예: "그는

전에 무엇을 그렸을까?" "그는 다음에 무엇을 그릴 거라고 생각할까?").

✋ 프로젝트: 초상화 그리기

목표: 파트너를 고르고 같이 일하기, 얼굴에 대한 관심, 세부사항에 대한 관심, 밀접한 소통

필요한 재료: 종이(81/2″ × 11″ 기준, 크기는 상관없음)와 사인펜(또는 당신이 선택한 다른 그림 도구). 더 큰 종이에 작업을 한다면 수채화 또는 템페라 페인트가 색칠하기에 좋다.

지침: 아동이 같이 작업할 파트너를 골라서 서로 마주보면서 앉는다. 아동에게 다른 친구들 사이에서 파트너를 구별하는 세부사항에 주의하면서 파트너의 얼굴을 그리라고 지시한다. 필요에 따라 아동은 서로를 위해 가만히 있어야 한다. 다른 사람과 초상화를 공유하고 의견을 얻는다. 아동이 파트너의 그림을 '수정'하지 못하게 한다. 각 화가의 작품은 존중되어야 한다. 그리는 방법을 제어하지 못하는 문제가 있는 아동은 공동 초상화, 파트너와 같이 그리기, 협상과 의사소통 연습을 하도록 할 수 있다.

✋ 프로젝트: 상호작용적 초상화

목표: 차례대로 하기, 공유하는 그림에 대한 제어 상실, 세부사항에 대한 관심, 융통성, 소통

필요한 재료: 벽에 붙은 여러 가지 종이와 사인펜(또는 당신이 선택

한 다른 그림 도구)

지침: 상호작용적 초상화는 각 아동을 위해 벽에 종이 한 장을 붙인다. 아동이 연속적으로 각 동료의 신체 부위 각각을 차례대로 그리게 한다(예: 한 아동은 눈 그리기, 다음 아동한테 사인펜을 주고 그 아동은 코 그리기 등). 결과물은 각각 모든 아동의 입력을 포함하는 창조적인 초상화의 '갤러리'이다.

🖐 프로젝트: 친구 그림 그리기

목표: 신체 인식, 자세 취하기, 인내심, 관점 취득, 세부사항에 대한 관심, 그림 그리기 기술

필요한 재료: 종이와 당신이 선택한 그림 도구

지침: 원으로 정리된 책상에 아동들을 앉히고 모델로 원 중간에(의자 또는 콩 주머니 의자에, 서서 등) 혼자 있을 친구를 (한 명씩) 돌아가며 선택한다. 각자 자신의 관점에서 아동들이 모델을 그리는 동안 그 모델은 (대충) 가만히 있어야 한다. 이 프로젝트는 인내와 충동 조절이 많이 필요하므로 그림을 빨리 그리고 오랫동안 포즈를 취하고 그리는 시간을 늘린다.

🖐 프로젝트: 공동체 이불

목표: 개인의 호기심을 식별하기, 집단/공동체 개념을 이해하기, 운동 근육의 기술

필요한 재료: 옷감 사각형(아무 크기 및 다양한 색상), 패브릭 페인트(짜내는 뾰족한 병에 있는), 풀

지침: 각 아동에게 옷감을 주고 패브릭 페인트로 그들이 원하는 대로 꾸밀 수 있게 한다(가능할 경우 사인펜과 실에 풀을 직접적으로 사용할 수 있다). 사각형이 마르면 이불을 만들기 위해 각 조각을 풀로 붙인다(더 나은 결과물을 위해 어른이 글루건을 사용해서 하는 게 좋다). 아동들이 이불의 다른 조각과 다른 집단 일원을 보고 의논할 수 있게 해 준다.

✋ 프로젝트: 우정 상자

목표: 기억하기, 선물을 주는 기술

필요한 재료: 작은 상자(재목 또는 판지; 보통 가게에서 만들어진 상자를 찾을 수 있다), 종이와 사인펜, 페인트(템페라 또는 아크릴)와 붓

지침: 각 아동이 개인의 기호에 따라 상자를 칠하고 꾸밀 수 있게 한다(집단으로 찍은 사진, 마음에 드는 주제로 그리기 등). 다음에 상자를 하나씩 돌려 보고 각 아동에게 친구의 상자에 친구를 위해 특별히 뭔가를 그리라고 한다. 그림은 상자의 주인에 대해 그려야 한다. 완성하면 각 아동은 다른 친구들의 그림으로 가득 찬 상자를 가지고 있어야 한다. 우정 상자는 친구에 대한 지식을 반영하고 추억에 관한 손에 쥘 수 있는 보다 유형적인 기억의 수집품을 주기 때문에 종결 단계의 집단에서 하기에 좋다.

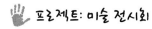 **프로젝트: 미술 전시회**

목표: 집단 환경 밖에서 성과를 기념하고 전시

필요한 재료: 아동의 작품을 게시/전시하기 위해 매력적이고 안전한 공간

지침: 미술 전시회는 가족에게 아동의 발전을 요약하고 공유하고 아동들이 미술 활동의 사회적 잠재력을 이해하는 데 훌륭한 방법이다. 보여 주고 말하는 기술(자기소개, 만든 것을 설명하기, 칭찬 받기/주기 같은)을 사전에 연습하고 아동들이 전시회에 이 기술을 사용할 수 있게 격려해 준다. 각 미술 프로젝트 뒤에 과정을 설명하기 위해 짧은의 설명문을 제공한다. 집단은 치료 환경 내에서 있었을 경우 아동들의 작품을 전시하기 전에 모든 부모에게 서면 동의를 받았는지 확인한다.

부록 B

저에게 똑바로 주세요:
바쁜 부모를 위한 책의 요약

　　『조기개입 아동미술치료: 발달지연과 ASD』는 ASD 아동을 위한 치료상의 미술 활동을 계획하는 방법에 대한 정보와 조언을 제공하도록 설계되었다. 또한 기초 그림 기술을 개발하기 시작한 모든 나이의 ASD를 가진 사람들 또는 부모와 아동이 미술을 취미가 아닌 발달, 인지 또는 정서적인 목표를 다루기 위해 사용하는 경우 도움을 줄 수 있다. 전반적인 미술 재료에 대한 지식과 아동과 공감하는 능력을 발달시키고 또 아동을 위한(그리고 아동과 함께) 생산적이고 개별화된 활동을 계획하는 방법을 더 쉽게 알아 갔으면 좋겠다.

　　제1장은 이 책의 기술을 **누구**를 위해 설계한 건지에 관한 것으로 그들의 요구를 간단히 설명한다. ASD와 증상의 범위에 대한 설명은 학생과 예술가에게 도움이 될 것이다(노련한 치료사, 교사 그리고 부모는 이 정보를 훑어볼 수 있다). 잘 계획된 미술 프로젝트는 ASD의 세 가지 주요 결핍 영역 중 하나이자 가장 덜 언급되고 치료되는 결

핍 영역인 상상력 기술을 해결할 수 있는 최선의 방법이라고 생각한다. 자폐증, 즉 ASD에 대한 자세한 내용은 이 책 끝 부분에 나오는 유명한 웹 사이트에서 찾을 수 있다.

제2장은 이 작업이 왜 중요한지에 대한 것이다. 여기에는 ASD를 가진 아동의 조기개입 프로그램에서 치료상의 미술 활동을 포함하는 기본 이슈를 설명한다. 초기 그림 기술의 발달 과정을 요약하고 이해할 수 있는 정보뿐만 아니라 아동이 만족스러운 미술적 경험을 일생에서 시작하는 첫 번째 중요한 단계에서 할 수 있는 팁을 제공한다. 그것은 낙서에서 나아가기이다.

제3장은 ASD 아동과 함께 미술을 하면서 **무엇을** 관찰할지에 관한 것이다. 이 책의 독특한 특징인 ASD 증상과 관련 있는 것 같은 작품의 특징은 제3장에 설명 및 정리되어 있다. 이 특징은 어느 아동의 작품에서도 엿볼 수 있지만 ASD 아동의 작품에서 더 설득력 있고, 흔히 주목할 수 있는 것이다. 이 특징은 직접적으로 하지 못하게 해야 하는 것이 아닌, 작업을 통해 함께 해결해야 하는 것임을 염두에 두어야 한다. 예술적 서번트 아동의 치료상 개입의 특별한 고려는 마지막에 제시되어 있다.

제4, 5, 6장은 아동 또는 학생과 **어떻게** 작업하는지에 대한 방법을 설명했다. 이 장들은 해결하기 위해 주요 치료 목표에 대한 조언(제4장), 사용할 수 있는 미술 재료(제5장), 그리고 적응을 위한 방법(제6장)을 제공한다. 당신과 아동이 무엇을 향해 노력하고 있는지 예측할 수 있도록 청소년을 위한 프로젝트도 조금 포함하였다.

정보(특히 프로젝트에 대한 정보)는 선택적이고 모든 항목을 포함하지 않는다는 것을 기억하라. 이 책에 설명되지 않는 목표와 프로젝트를 생각하고 있다면 당신은 이 책에서의 정보를 합성하기 시작했고 이 책이 성공적이었다는 의미이다. 최고의 프로젝트는 특정 아동을 마음에 두고 **개별화되어** 계획된 것이다.

아동이 기본적인 기술을 획득한 경우, 미술은 초기 사회화 기술을 연습할 때 좋은 동기 부여 및 조력자가 될 수 있다. 부록 A에서는 집단 환경을 위해 특별히 계획된 미술 프로젝트의 목록을 찾을 수 있다. 이 책을 다 읽고 나서 더 깊은 공부를 계속하고 싶을 경우 참고문헌 및 추천도서 목록을 참고하면 된다. 이 책의 개발에 영향을 미친 미술과 ASD 자원의 포괄적인 목록을 제공하고 있다.

특정 아동을 마음에 두고 이 책을 읽었을 경우, 먼저 한두 프로젝트를 시도할 것을 격려한다. 특히 자신이 '예술적'이라고 생각하지 않는 경우라면 이 방법을 권장한다. 정보는 조직하는 데 도움이 되므로 너무 걱정하지 말고 아동 또는 학생과 잠재적으로 의미 있게 할 미술 경험에 마음을 열기 바란다. 아동이 성공적인 자기표현을 경험하고 학교생활에 도움이 되는 기술을 얻는 것을 지켜보는 것에 대한 보상은 보람찬 일이 될 것이다.

참고문헌

American Psychiatric Association (2000). *Diagnostic and Statistical Manual of Mental Disorders* (4th edn., text revision). Washington, DC: American Psychiatric Association.

Baron-Cohen, S., & Bolton, P. (1993). *Autism: The Facts*. Oxford: Oxford University Press.

Bartlett, J. (1992). *Bartlett's Familiar Quotations* (J. Kaplan, Ed.). Boston, MA: Little, Brown, & Co., p. 613.

Bettelheim, B. (1967). *The Empty Fortress: Infantile Autism and the Birth of the Self*. New York, NY: Free Press.

Centers for Disease Control and Prevention (2007, February 8). 'CDC releases new data on autism spectrum disorders (ASDs) from multiple communities in the United States.' Available at www.cdc.gov/media/pressrel/2007/r070208.htm, accessed on December 17, 2008.

Charman, T., & Baron-Cohen, S. (1993). 'Drawing development in autism: The intellectual to visual realism shift.' *British Journal of Developmental Psychology, 11*, 171-185.

Craig, J., Baron-Cohen, S., & Scott, F. (2001). 'Drawing ability in autism: A window into the imagination.' *Israel Journal of Psychiatry, 38*, 242-253.

Dissanayake, E. (1995). *Homo Aestheticus: Where Art Comes from and Why*. Seattle, WA: University of Washington Press.

Edwards, B. (1999). *The New Drawing on the Right Side of the Brain*. New York, NY: Putnam.

Evans, K., & Dubowski, J. (2001). *Art Therapy with Children on the Autistic Spectrum: Beyond Words*. London: Jessica Kingsley Publishers.

Gray, C. (1994). *Comic Strip Conversations*. Arlington, TX: Future Horizons.

Gray, C., & White, A. L. (1992). *My Social Stories Book*. London: Jessica Kingsley Publishers.

Henley, D. (1989). 'Nadia revisited: A study into the nature of regression in the autistic savant syndrome.' *Art Therapy: Journal of the American Art Therapy Association, 6*, 43-56.

Henley, D. (1992). *Exceptional Children, Exceptional Art: Teaching Art to Special Needs*. Worcester, MA: Davis Publications.

Henley, D. (2002). *Clayworks in Art Therapy*. London: Jessica Kingsley Publishers.

Kellogg, R. (1969). *Analyzing Children's Art*. Palo Alto, CA: National Press Books.

Lowenfeld, V. (1947). *Creative and Mental Growth: A Textbook on Art*

Education. New York, NJ: Macmillan.

Lowenfeld, V. (1952). *Creative and Mental Growth* (revised edn.). New York, NJ: Macmillan.

Lowenfeld, V. (1957). *Creative and Mental Growth* (3rd edn.). New York, NJ: Macmillan.

Lowenfeld, V., & Brittain, W. L. (1964). *Creative and Mental Growth* (4th edn.). New York, NJ: Macmillan.

Lowenfeld, V., & Brittain, W. L. (1970). *Creative and Mental Growth* (5th edn.). New York, NJ: Macmillan.

Lowenfeld, V., & Brittain, W. L. (1975). *Creative and Mental Growth* (6th edn.). New York, NJ: Macmillan.

Lowenfeld, V., & Brittain, W. L. (1982). *Creative and Mental Growth* (7th edn.). New York, NJ: Macmillan.

Lowenfeld, V., & Brittain, W. L. (1987). *Creative and Mental Growth* (8th edn.). Upper Saddle River, NJ: Prentice Hall.

Lusebrink, V. B. (1990). *Imagery and Visual Expression in Therapy.* New York: Plenum Press.

Martin, N. (2005). *Look at Me: Assessing Portrait Drawings Made by Children with Autism.* Unpublished Master's thesis, School of the Art Institute of Chicago.

Martin, N. (2008). 'Assessing portrait drawings created by children and adolescents with autism spectrum disorder.' *Art Therapy: Journal of the American Art Therapy Association, 25,* 1, 15–23.

Mukhopadhyay, T. R. (2008). *How Can I Talk if My Lips Don't Move?: Inside My Autistic Mind.* New York, NY: Arcade Publishing, p. 152.

Rimland, B. (1978). 'Savant Capabilities of Autistic Children and their Cognitive Implications.' In G. Serban (ed.) *Cognitive Defects in the*

Development of Mental Illness. New York, NY: Brunner/Mazel.

Rossol, M. (1994). *The Artist's Complete Health and Safety Guide* (2nd edn.), New York, NY: Allworth Press.

Sacks, O. (1996). *An Anthropologist on Mars: Seven Paradoxical Tales.* New York, NY: Vintage Books, p. 259.

Selfe, L. (1983). *Normal and Anomalous Representational Drawing Ability in Children.* London: Academic Press.

Treffert, D. (1989). *Extraordinary People: Understanding Savant Syndrome.* New York, NY: Ballantine Books.

Webster's New World Dictionary of the American Language (1962). (college edn.). Cleveland, OH: World.

White, L. M. (2002). *Printmaking as Therapy.* London: Jessica Kingsley Publishers.

Willoughby, S. J. (2003). *Art of the M.I.N.D.: The Art Collection of the UC Davis M.I.N.D. Institute.* Sacramento, CA: Regents of the University of California.

World Health Organization (1992). *International Classification of Diseases* (10th edn. text revision). Geneva: WHO.

추천도서

 이 섹션에는 미술과 ASD 분야에 관한 주제를 담은 미술, 미술치료, 미술교육, ASD, 심리학 그리고 사회 복지 분야의 참고 자료들을 정리해 보았다. 책, 연구 논문, 웹 사이트 등으로 구성되어 있다. 여기 있는 참고 자료는 이 책의 내용에 영향을 주었다. 저자의 웹 사이트 www.arttherapyandautism. com에 가면 정기적으로 업데이트 되는 부분도 조회할 수 있다. 만약 이 리스트에 빠졌거나 권장하고 싶은 자료가 있다면 주저 말고 연락하길 바란다. 특별 사항이 명시되어 있지 않다면 여기 있는 모든 웹 사이트는 2008년 12월에 모두 액세스 가능한 것으로 확인되었다.

이하 전체 * 표시된 추천도서는 자폐/ASD에 대해 다루고 있지 않지만, 유용한 정보와 기술에 대해 설명하고 있음.

미술치료

*Aach-Feldman, S., & Kunkle-Miller, C. (2001). 'Developmental Art
  Therapy.' In J. A. Rubin (ed.) Approaches to Art Therapy: Theory
  and Technique (2nd edn.). Philadelphia, PA: Brunner-Routledge.

*Anderson, F. (1992). Art for All the Children: Approaches to Art Therapy
  for Children with Disabilities. Springfield, IL: Charles C. Thomas.

*Banks, S., Davis, P., Howard, V., & McLaughlin, T. (1993). 'The effects
  of directed art activities on the behavior of young children with
  disabilities: A multi-element baseline analysis.' Art Therapy: Journal
  of the American Art Therapy Association, 10, 4, 235-240.

Bentivegna, S., Schwartz, L., & Deschner, D. (1983). 'Case study: The
  use of art with an autistic child in residential care.' American Journal
  of Art Therapy, 22, 51-56.

Betts, D. J. (2001). 'Special report: The art of art therapy: Drawing
  individuals out in creative ways.' The Advocate: Magazine of the
  Autism Society of America, 34, 3, 22-23 (29).

Betts, D. J. (2003). 'Developing a projective drawing test: Experiences
  with the Face Stimulus Assessment (FSA).' Art Therapy: Journal of
  the American Art Therapy Association, 20, 2, 7-82.

Emery, M. J. (2004). 'Art therapy as an intervention for autism.' Art
  Therapy: Journal of the American Art Therapy Association, 21, 143-
  147.

Fox, L. (1998). 'Lost in Space: The Relevance of Art Therapy with Clients
  who have Autism or Autistic Features.' In M. Rees (ed.) Drawing on
  Difference: Art Therapy with People who have Learning Difficulties.
  New York, NY: Routledge.

Gabriels, R. (2003). 'Art Therapy with Children who have Autism and

Their Families.' In C. Malchiodi (ed.) *Handbook of Art Therapy*. New York, NY: Guilford Press.

Henley, D. (1989). 'Artistic Giftedness in the Multiply Handicapped.' In H. Wadeson, J. Durkin, & D. Perach (eds.) *Advances in Art Therapy*. New York, NY: John Wiley & Sons.

Henley, D. (1992). 'Therapeutic and aesthetic application of video with the developmentally disabled.' *The Arts in Psychotherapy, 18*, 441–447.

Henley, D. (2000). 'Blessings in disguise: Idiomatic expression as a stimulus in group art therapy with children.' *Art Therapy: Journal of the American Art Therapy Association, 17*, 4, 270–275.

Henley, D. (2001). 'Annihilation anxiety and fantasy in the art of children with Asperger's Syndrome and others on the autistic spectrum.' *American Journal of Art Therapy, 39*, 113–121.

*Kiendi, C., Hooyenga, K., & Trenn, E. (1997). 'Empowered to scribble.' *Art Therapy: Journal of the American Art Therapy Association, 14*, 37–43.

Kornreich, T. Z., & Schimmel, B. F. (1991). 'The world is attacked by great big snowflakes: Art therapy with an autistic boy.' *American Journal of Art Therapy, 29*, 7–84.

Noble, J. (2001). 'Art as an Instrument for Creating Social Reciprocity: Social Skills Group for Children with Autism.' In S. Riley (ed.) *Group Process Made Visible: Group Art Therapy*. Philadelphia, PA: Brunner–Routledge.

*Pounsett, H., Parker, K., Hawtin, A., & Collins, S. (2006). 'Examination of the changes that take place during an art therapy intervention.' *Inscape: International Journal of Art Therapy, 11*, 2, 79–101.

*Riley, S. (2004). 'Multi-Family Group Art Therapy: Treating Families with a Disabled Family Member.' In S. Riley (Ed.) *Integrative Approaches to Family Art Therapy* (2nd edn.). Chicago, IL: Magnolia Street.

*Roth, E. (2001). 'Behavioral Art Therapy.' In J. A. Rubin (Ed.) *Approaches to Art Therapy: Theory and Technique* (2nd edn.). Philadelphia, PA: Brunner-Routledge.

Scanlon, K. (1993). 'Art therapy with autistic children.' *Pratt Institute Creative Arts Therapy Review, 14*, 34-43.

*Silver, R. A. (1989). *Developing Cognitive and Creative Skills through Art: Programs for Children with Communication Disorders or Learning Disabilities* (3rd edn. revised). New York, NY: Albin Press.

*Silver, R. (2001). 'Assessing and Developing Cognitive Skills through Art.' In J. A. Rubin (ed.) *Approaches to Art Therapy: Theory and Technique* (2nd edn.). Philadelphia, PA: Brunner-Routledge.

Stack, M. (1998). 'Humpty Dumpty's Shell: Working with Autistic Defence Mechanisms in Art Therapy.' In M. Rees (Ed.) *Drawing on Difference: Art Therapy with People who have Learning Difficulties.* New York, NY: Routledge.

미술, 미술교육 그리고 미술 지지

*Anderson, F. (1978). *Art for All the Children: A Creative Sourcebook for the Impaired Child.* Springfield, IL: Charles C. Thomas.

Arts Access Australia: www.artsaccessaustralia.org

Davalos, S. (1999). *Making Sense of Art: Sensory-Based Art Activities for Children with Autism, Asperger's syndrome and other Pervasive*

Developmental Disorders. Shawnee Mission, KS: Autism Asperger Publishing Co.

Flowers, T. (1992). *Reaching the Child with Autism through Art.* Arlington, TX: Future Horizons.

Kellman, J. (2001). *Autism, Art, and Children: The Stories We Draw.* Westport, CT: Bergin & Garvey.

Lancelle, M., & Lesada, J. (2006). *Sundays with Matthew: A Young Boy with Autism and an Artist Share their Sketchbooks.* Shawnee Mission, KS: Autism Asperger Publishing Co.

National Arts and Disability Center: http://nadc.ucla.edu/ (They have a satellite program at UCLA's Tarjan Center: http://tarjancenter.ucla.edu/whatwedo.cfm)

*Pemberton, E., & Nelson, K. (1987). 'Using interactive graphic challenges to foster young children's drawing ability.' *Visual Arts Research, 13*, 2, 29-41.

Very Special Arts: www.vsarts.org

예술적 서번트

Bayliss, S. (2004, October) 'Showcasing "neurodiversity": Artists with autism, cerebral palsy, and other disabilities are attracting mainstream attention.' *ARTnews, 103*, 778.

Hall, E. (2004, March 4). 'All kinds of ants: What Gregory Blackstock's autism has to do with his art.' *The Stranger.* Available at www.thestranger.com/seattle/Content?oid=17340, accessed on 21 December 2008.

Karlins, N. F. (2004). 'Is autistic artistic?' *artnet.* Available at www.artnet.com/magazine/features/karlins/karlins1-21-05.asp, accessed on 21 December 2008.

Rexer, L. (2002). *Jonathan Lerman: Drawings by an Artist with Autism*. New York, NY: George Braziller.

Daniel Muller's website: www.geocities.com/dansweb2000

Jessica Park's website: www.jessicapark.com

Mark Rimland's website: www.markrimland.com

Richard Wawro's website: www.wawro.net

Donna Williams' website: www.donnawilliams.net

Stephen Wiltshire's website: www.stephenwiltshire.co.uk

The Wisconsin Medical Society: Darold Treffert에 의해 영향을 받은 서번트 연구 센터; 온라인 비디오를 비롯하여 예술적 서번트들에 대한 자료가 많음. www.wisconsinmedicalsociety.org

http://en.wikipedia.org/wiki/Autistic_artist

http://www.neurodiversity.com/art_poetry.html

자폐와 가족

Collier, V. (2005). 'A portrait of autism: A mother's interpretation revealed.' *The Advocate: Magazine of the Autism Society of America, 38*, 1, 22-25.

자폐스펙트럼장애(ASD)

　더 정확하고 과학적인 ASD 정의와 접근을 위해 다음과 같은 명성 있는 웹 사이트들을 방문해 볼 것을 추천한다. 모두 2008년도 12월에 모두 액세스 가능한 것으로 확인되었다. 좋은 정보와 매체를 접할 기회가 될 것이다.

Autism Research Institute, Defeat Autism Now (DAN): www.autism.com

Autism Society of America: www.autism-society.org

Autism Speaks (최근 Cure Autism Now와 합병), the Autism Genetic

Resource Exchange (AGRE): www.autismspeaks.org

Centers for Disease Control and Prevention: www.cdc.gov

National Institute of Mental Health: www.nimh.nih.gov

www.autism-resources.com (자폐에 관한 광대한 정보를 가지고 있는 사
이트. '자폐 FAQ' 섹션을 놓치지 말고 꼭 읽어 보기를 권장함)

www.autismtoday.com (자폐에 관한 리소스와 정보)

www.firstsigns.org (조기진단과 개입에 전념하는 비영리조직)

www.neurodiversity.com [링크된 여러 웹 사이트가 있음. www.neurodi-
versity.com/art_music.html 사이트를 꼭 찾아볼 것을 권장함(특히 미
술, 음악, 연극치료 참고용으로)]

다음의 대학에서 발표된 연구들을 참고하라.

University of California (Davis, Los Angeles, Santa Barbara,
San Diego)

University of Cambridge, UK

University of Kansas (Lawrence)

University of North Carolina (Chapel Hill)

Yale University

University of Pittsburgh

University of Washington

www.autismarts.com (전세계 예술가 정보에 유용한 소스임)

갤러리와 컬렉션

The University of California at Davis MIND Institute art collection online:
http://www.ucdmc.ucdavis.edu/news/images/mind/artists.html

The Vanderbilt Kennedy Center at Vanderbilt University (Nashville, TN)
장애가 있는 혹은 장애 관련된 사람들의 쇼케이스 미술작품: http://

vanderbilt.edu/site/services/disabilityservices/artsanddisabilities.
aspx

심리학, 상담심리, 특수교육과 사회복지

Charman, T. & Baron-Cohen, S. (1992). 'Understanding drawings and beliefs: A further test of the metarepresentation theory of autism.' *Journey of Child Psychology and Psychiatry, 33*, 6, 1105-1112.

Cox, M. (1999). 'Contrasting styles of drawing in gifted individuals with autism.' *Autism, 3*, 4, 39-409.

Epp, K. (2008). 'Outcome-based evaluation of a social skills program using art therapy and group therapy for children on the autism spectrum.' *Children & Schools, 30*, 1, 2-36.

Osborne, J. (2003). 'Art and the child with autism: Therapy or education?' *Early Child Development and Care, 173*, 411-423.

Pring, L. & Hermelin, B. (1993). 'Bottle, tulip and wineglass: Semantic and structural picture processing by savant artists.' *Journal of Child Psychology and Psychiatry, 34*, 8, 1365-1385.

Pring, L., Hermelin, B., & Heavey, L. (1995). 'Savants, segments, art and autism.' *Journal of Child Psychology and Psychiatry, 36*, 6, 1065-1076.

스튜디오와 예술가 워크숍

신경발달 장애가 있지만 재능이 넘치는 예술가들을 위한 커뮤니티 아트 스튜디오에 대한 정보이다. 주로 예술가, 미술 선생님, 미술치료사(전통적인 임상 현장보다 이런 환경을 선호하는), 자원 봉사자, 학생들로 구성된다. 이런 아트 스튜디오는 미술의 레크리에이션적인 면, 미술 기술 발달, 관계 기술, 그리고 (미술 작품 판매 등을 통한) 역량 강화를 도모한다. 이런 장소들을 방문해 보고 적극적으로 지지해 주길 바란다. (이런 곳은 대부분 비영리 집단이다.) http://nadc.ucla.edu/VaCenters.cfm이나 http://nadc.ucla.edu/resources.cfm을 통하면 더 많은 자료를 찾을 수 있을 것이다.

www.accessivlearts.org (Kansas City, KS)

www.art-enables.org (Washington, DC)

www.littlecityarts.org/ (Palatine, IL)

www.artsoflife.org (Chicago, IL)

www.artsproject.org.au (Northcote, Victoria, Australia)

www.artsunbound.org (Orange, NJ)

www.carousel.org.uk (Brighton, United Kingdom)

www.crativityexplored.org (San Francisco, CA)

http://creativegrowth.org (Oakland, CA)

http://gatewayarts.org (Brookline, MA)

www.kcat.ie (Ireland)

http://magicpaintbrushproject.org (Johnson City/Binghamton, NY)

www.outsidethelinesstudio.org (Medford, MA)

www.passionworks.org (Athens, OH)

www.projectonward.org (Chicago, IL)

www.studiobythetracks.org (Irondale, AL)

www.spindleworks.org (Brunswick, ME)

유용한 웹 사이트

2008년 12월 20일에 확인된 내용

American Red Cross www.redcross.org

American Sign Language (ASL) www.handspeak.com

Americans with Disabilities Act (ADA) www.ada.gov

자폐 가족 자조 그룹 www.autism-society.org

www.autismspeaks.org

보드메이커(Boardmaker® software) www.mayer-johnson.com

특수교육시스템(팩스)[Individuals with Disabilities Education System
 (PECS)] www.pecs.com

적응용 도구 정보(Resources on adaptive tools) www.adaptivechild.com

찾아보기

인명

내용

저자 소개

Nicole Martin MAAT, ATR, LPC

저자 Nicole Martin은 미국 시카고 예술대학(The School of the Art Institute of Chicago)을 졸업한 미국 공인 미술치료사(Registered Art Therapist: ATR)이자 상담심리전문가(Licensed Professional Counselor: LPC)이다. ASD(자폐스펙트럼장애) 선상의 남동생이 있는 Nicole은 Sky's the Limit Studio의 설립자이다. 현재 ASD가 있는 이들의 창의적인 예술 활동을 돕는 미술치료 서비스를 제공하고 있다.

역자 소개

박정은(Jung-Eun Jeanne Park) MAAT, Ph. D, ATR, LPC

역자 박정은은 미국 시카고 예술대학(The School of the Art Institute of Chicago)에서 미술치료를, 레슬리 대학(Lesley University)에서 표현예술치료를 공부하고, 미국 이스터 실즈(Easter Seals) 자폐치료학교, 시카고 재활병원 등에서 임상 경험을 쌓은 미국 공인 미술치료사(ATR)이자 상담심리전문가(LPC)이다. 현재 건국대학교와 단국대학교에서 겸임 교수를 맡고 있으며, ASD 아동을 위한 의사소통 보조기기 애플리케이션 및 교재 개발 회사인 모글(www.mogulaac.com)의 설립자이자 운영자로도 활동 중이다. 또한 미술치료와 심리상담 서비스 및 연구 전문 기관인 모글연구소(www.mogulinstitute.com)의 소장으로 꾸준한 미술치료 활동과 다양한 부모 교육 서비스를 실시하고 있다.

조기개입 아동미술치료: 발달지연과 ASD
Art as Early Intervention Tool for Children with Autism

2018년 4월 20일 1판 1쇄 발행
2025년 1월 20일 1판 3쇄 발행

지은이 • Nicole Martin
옮긴이 • 박 정 은
펴낸이 • 김 진 환
펴낸곳 • (주) **학지사**

        04031 서울특별시 마포구 양화로 15길 20 마인드월드빌딩 5층
대표전화 • 02) 330-5114   팩스 • 02) 324-2345
등록번호 • 제313-2006-000265호

홈페이지 • http://www.hakjisa.co.kr
인스타그램 • https://www.instagram.com/hakjisabook

ISBN 978-89-997-1549-5 93180

정가 **15,000원**

▌출판미디어기업 **학지사**

간호보건의학출판 **학지사메디컬** www.hakjisamd.co.kr
심리검사연구소 **인싸이트** www.inpsyt.co.kr
학술논문서비스 **뉴논문** www.newnonmun.com
원격교육연수원 **카운피아** www.counpia.com
대학교재전자책플랫폼 **캠퍼스북** www.campusbook.co.kr